I0412473

MANIFIESTO DE
UN HUMANO MÁS

MANIFIESTO DE UN HUMANO MÁS

Reflexiones, Aforismos y Cuentos Cortos.

ALEJANDRO LÓPEZ HERNÁNDEZ

Número de Control de la Biblioteca del Congreso de EE. UU.:   2012914643
ISBN: Tapa Dura   978-1-4633-3652-3
                   Tapa Blanda   978-1-4633-3654-7
                   Libro Electrónico   978-1-4633-3653-0

Este libro fue impreso en los Estados Unidos de América.

Para pedidos de copias adicionales de este libro, por favor contacte con:
Palibrio
1663 Liberty Drive
Suite 200
Bloomington, IN 47403
Llamadas desde los EE.UU. 877.407.5847
Llamadas internacionales +1.812.671.9757
Fax: +1.812.355.1576
ventas@palibrio.com
423665

ÍNDICE

Prefacio y Agradecimientos

Estimado lector el contenido que está por descubrir es sólo una muda respuesta al llamado de mi voz, en un intento limitado por entender nuestra condición humana y lo que impera en ella, es a su vez un conjunto de escritos orgánicos y camaleónicos puesto que persisten y mutan con el tiempo pero se camuflajean dependiendo del enfoque que cada persona le quiera dar, es un vistazo superficial a las rarezas de la personalidad y a la inevitable causalidad de la vida, basado en las aristas de un humano más, que hoy pone a disposición de ustedes su manifiesto para que hagan con él lo que mejor les plazca.

Es a su vez una historia de búsqueda, de evolución, de cambio, merodeada por circunstancias comunes de nuestro personaje principal, un amor envuelto de complicaciones, un sueño abatido por sus discrepancias emocionales, un retrato del hombre moderno, inmerso en un mundo caótico. Es una reflexión de nuestra postura como entes sociales, partícipes de una cadena de causas y efectos, partícipes de un entorno que nos delimita y nos nombra, partícipes de una ciudad llamada Collage y de ese folklor que vive en ella.

Espero y sea de su agrado y que al igual que su servidor disfruten de los altos y bajos que aporta el cuento, que nos lleva por rumbos a veces certeros a veces negros y difusos, pero que concluyen con la expresión misma de un manifiesto, El Manifiesto de un Humano Más que en una desesperada necesidad de expresión acopia memorias, pensamientos aforismos y cuentos cortos, como estandarte y justificación de su razón de ser.

Agradezco a mis confidentes y seres queridos, sin ellos esta obra sería sólo pensamientos perdidos en el embrollo de mi razonamiento

Agradezco a Dios y a su omnipresente naturaleza, por coincidir conmigo en la aventura de mi vida.

Y agradezco a ti lector, por darme la oportunidad de trascender mediante mi palabra escrita.

HISTORIA EN COLLAGE

"Mi otro Yo expectante"

"No a la matanza de Moscas" (entre música y artistas)

Milésima parte de un gramo, aderezo de mezcalina, y un sorbo de coñac; sobrenatural, escalofriante y sin duda una buena opción para servirse de apoyo en estos años locos de cultura pop y de fraudulentas relaciones interpersonales. El tipo raro de la esquina busca entre la basura su alimento, la mujer adinerada aprieta los brazos para lucir su silicón. La vista a la pradera es un conjunto multifamiliar de escasos recursos, casualmente vecino del residencial de moda, mi percepción subjetiva de la realidad se adorna con este contraste rococó urbano del 2011. Peter Gabriel, Dave Matthews Band sintonizan el Ipod mientras el café caliente le da vida a mis entumidas manos.

Idealicé entre sueños escribir sobre las teorías de la personalidad, pero para comenzar con ello, es necesario salir un poco del habitual ritmo de las cosas, del habitual modo de concebir el mundo, de ir detrás de las apariencias y de desmenuzar esos rasgos reprimidos de la infancia, de aquel que alardea, de aquel que escucha, de aquel que no calla, de aquel que subsiste y por qué no también de aquel que hoy escribe.

Como decía, los matices de las ciudades en desarrollo son el collage perfecto para este compilado de historias, que más que historias son simples realidades perceptivas de lo que mis semejantes reflejan en sus rostros y sin dejarme a un lado que yo mismo observo en el espejo todos los días.

La bruma de finales de octubre se dispersa pasadas las ocho de la mañana, hora en que El tipo A enciende su jaguar último modelo, su rumbo, el club deportivo de moda espiral al cielo para negocios, reconocimiento social y exhibición de las dotes naturales del miembro más grande. En la guantera un par de bolsas de polvo blanco para agilizar la mente y dispersar la depresión continua de ese vacío existencial que te da el ser siervo de un mundo material. Ahora Frank Zappa toca desenfadado mientras el jaguar se descapota en el boulevard llamado Wanna Be. Qué diría Freud de este ritual cotidiano del tipo A, donde nació este afán de pretender ser alguien, en dónde se injertó la semilla de ser nombrado, o mejor dicho esa falta de identidad al no ser nombrado, ese sentido histérico de ser objeto de deseo, de ser adulado, de ser el más simpático, el más astuto, simplemente de Ser alguien.

Paremos un momento para ver el panorama, está el que trabaja con el carrito de tamales, el que para el tráfico para que el señor gobernador no tenga problema en llegar a la cita, están los niños que ríen en la parte trasera de una Escalade mientras Jaime los lleva al colegio, el perro flaco cruzando Wanna Be blvd. Y sin duda el aroma matutino del drenaje, áspero para la garganta pero inconfundible.

Sentido común consecuencia privada de análisis, llega así sin argumentos ni premisas, en el penúltimo día del mes se decide correr riesgos, aventurarse, sin miedo a caer, sin miedo a volver atrás, sin miedo al miedo mismo. Hay reconstrucción en la ciudad, buscan embellecerla, para eso hay que internar primero a sus habitantes, puesto que la atmósfera no se hace por los edificios ni por las fuentes sino por el corrupto, el mendigo, la prostituta, el ciego que silba, el burócrata que camina, el niño que exige helado, todos ellos hambrientos de sentido, todos ellos idiotizados, todos ellos en busca del penúltimo día del mes. Ahí vamos corriendo por primera vez sin miedo, hemos cruzado el parque del sufrimiento, hemos tomado la estación del no retorno con la megafonía tocando Bjork (Army of Me), eso estimula, eso excita a ser libre al menos por veinticuatro horas.

El tipo B, el empresario político, el seudo-altruismo de sus convicciones lo restringe a no alardear de su dinero, sin embargo hace hasta lo imposible para siempre salir beneficiado. Ante los demás un tipo interesado por el bienestar, una moral de buenos sentimientos, pero en sus oscuros adentros se pervierte, se prostituye, se engaña. Freud lo catalogaría con una estructura de ego enorme, y un problema fálico de identidad.

Aspira mi amigo, aspira hondo, hasta que la sangre fluya y el sufrimiento se vaya, hasta que el día se vuelva noche y la noche ilusión, no hay nada afuera de esta urbe, no hay nada afuera de esta realidad, eres lo que ves, eres lo que el mundo te dictamina, para que esforzarse por comprender, solo escúchame y descansa, enciende el televisor tiene mucho que ofrecerte, ahí está, Karma Police de Radiohead siéntete en casa hermano, mientras yo reclamo mi recompensa.

Olvide decir que mientras escribo la música me lleva por emociones distintas que cambian el rumbo de mis palabras, ellas se dejan guiar por los bajos y los agudos por los espacios muertos y por la sinceridad de algunos y la hipocresía de otros. Llamémosle prosa musical.

Por la tarde las calles parecen cansadas, las han pisoteado demasiado, especialmente en el centro de la ciudad, algo de viento las reconforta pero no por mucho tiempo, el fin de la jornada laboral pronostica el caos, miles de neumáticos sobre sus espaldas, aceite que cae de vehículos, basura que los peatones dejan, vaya que es difícil servir a esta ciudad, nadie se interesa por el bienestar ajeno.

El tipo A y el tipo B se encuentran en un bar del sector restaurantero, hablan de mucho y a la vez de nada, pero todo gira en dos tópicos principales, dinero, y sexo, la primera ronda es cerveza, la segunda whiskey, algo de botana, algo de buena música, no es suficiente para saciar su necesidad, "necesidad de algo" de nada en especifico, las pláticas a su alrededor, más o menos abordan lo mismo, y todo ello es el muestrario de un escenario mayor, una puesta en escena que no tiene un propósito aparente, mas que el de deambular y subsistir.

Destroyer ahora toca, me da la pauta para releer lo escrito… Me gusta.

La llegada del inicio de semana es para muchos la opción para dejar atrás el absurdo comportamiento de los días anteriores, un aliciente para superar el caos que vienen de ser patéticamente convencional, sin embargo, para el tipo C es un tumulto lírico de pensamientos aprehensivos, de angustia, de miedo al porvenir.

Toma el periódico en busca de algo nuevo, ve el parloteo cotidiano de los políticos, la crisis económica en asenso y la criminalidad como una deidad a seguir, nada de esto lo motiva sigue ahí con semblante perdido en el tiempo cíclico de sus emociones, sigue ahí con su negatividad y su pesimismo, consumiendo las horas en espera de que algo suceda, va entre el tráfico observando la irreverencia de aquellos que se llaman civilizados, va por ahí condenando y juzgando a quien se interponga en su camino; el sobre análisis de situaciones es su figura preferida, sin dejar nada para el deleite, es duro y un poco amargo.

En la oficina lo esperan un acumulado de malas noticias que decide esquivar para concentrarse en su pasatiempo favorito, la construcción de historias conceptuales, que decide acompañar con coros y violines al mero estilo renacentista.

La ciudad salpica irregularidad por sus distintas colonias, y en cada irregularidad se forma un clímax, el tipo A, el tipo B y el tipo C son objeto resultante de estos clímax, productos de un sosiego social que no encuentra puertas ni avenidas, producto de un retiro personal, y a su vez de una yuxtaposición entre el ser y el vacio. Los segundos corren rápidamente, el espacio se agota en crisis y disminuye la posibilidad de respirar, la posibilidad de aire, de fe, de individualismo. Junior Boys viene a confirmar el hecho de que las palabras se abrigan con las emociones sonoras que llegan a mis tímpanos, de mañana, de tarde y de noche sigue siendo un beat que ejerce influencia en mi inspiración.

Los colores mezclados del cuadro de la estancia de espera son psicodélicos, el ruido de la cafetera expulsando vapor sirve de melodía para darle movimiento, el letrero del consultorio anuncia al Dr. Válium mientras los tres tipos en cuestión esperan ansiosos su consulta, se conocen, mas no se hablan, prefieren tomar alguna revista y hojearla sin mucho interés por encontrar algo, los ruidos de la ciudad se permean por las rendijas de la ventana que da al exterior, sinfonías urbanas que dan el marco conceptual del sinsentido de esta escena, no hay sorpresas en el diagnóstico, el mismo patrón diferente expresión. Tipos ordinarios y aburridos en un estado de no identidad, en una búsqueda aparente por construir su personalidad.

Baja la escalera apresurado, prefiere no usar el elevador es una demora que no está dispuesto a soportar, pese a que están en el quinto piso, el tipo C llega primero a la planta baja, su prisa no es por alguna cita sino por el miedo a consumir tiempo, tiempo que se traduce en vida y vida que no termina de entender, su neurosis obsesiva no acepta espacios en blanco, espacios de tedio que le hagan pensar en su sufrimiento, mientras camina por la calle, el resplandor del atardecer viene con rasgos aparentes de melancolía, sátira de un complot en su contra, la esquina de la avenida "todos mienten" llama su atención, dos payasos hacen malabares con envases vacios de cerveza, y una mujer policía insiste en llevarse el silbato a la boca para amonestar a un vehículo de carga que circula sin matrícula. The cure sobrevuela con sintetizadores y las nubes se cierran sobre el edificio del banco central.

Remplazas en gritos los estímulos sonoros de tu vergüenza, hayas conductas parecidas a estandartes comunes, no entiendes que estás perdido.

Se aproxima mediados de otoño, los pocos espacios verdes que quedan en la cuidad se tornan amarillentos, el viento ya ha secado los árboles que ahora se muestran semidesnudos en respuesta melancólica a la añoranza de lluvia y sol, la actividad de las personas se vuelve lerda, el humor amargo y triste, y las mañanas ya no son luminosas como solían ser en primavera y verano.

Los tres tipos en cuestión yacen boca arriba sobre sus camas, unidos en un mismo ritual, el despertar; boca seca, mirada asesina y manos dormidas son algunos síntomas del domingo matutino, probablemente alguna acompañante ocupa el lado opuesto del colchón, probablemente la mañana se reciba con sexo, para más tarde decir adiós. Sus vidas paralelas que hoy convergen en un predecible presente se entusiasman de ser copias estereotipadas del vulgo social. Se miran al espejo en afán altivo de sentirse conquistadores, ríen aunque no entienden su pasajera felicidad, se esbozan alegres y satisfechos por ese rato de sosiego.

El doctor valium los cita, es hora de observarse, es hora de la introspección, el tipo A, el tipo B y el tipo C, hoy comunes y ajenos, hoy conscientes de su realidad simbiótica, hoy habitantes de un miso cuerpo, de un mismo individuo, que en una famélica necesidad de mostrarse sincero los adopta como suyos, dando un giro a la historia, dando un giro a la realidad aparente de una ciudad en evolución. Alejandro el nuevo personaje, es en conclusión un trifásico neurótico en busca de identidad, de sentido,

¡de libertad! Ahora Lágrimas Negras de Bebo & Cigala viene a darle un son trágico a la nueva concepción, y a mis palabras una pasión por salir y descubrir que hay detrás de esta inspiración y de este personaje, me aventuro a decir que la historia apenas ha comenzado.

El cielo da matices agradables y al observarlo cautivo entre los altos edificios, entre los faroles, o entre los árboles, se profundiza la perspectiva de inmensidad, en una diminuta existencia que viene a ser parte del entorno afable, pero sinvergüenza, el humano recién gestado en su trinidad personal respira intermitentemente, todavía escéptico de su nueva cualidad, el saco Hugo Boss y lo zapatos Ferragamo se ajustan a un nuevo estilo desgarbado, el jaguar ya no luce tan atractivo, ni el alentar a los demás es ahora una prioridad, mas bien, hoy se es único, un ejemplar en evolución, un ser que entiende su neurosis múltiple, y que la vive como un polifacético actor del día a día.

Olvidaba decir que en el círculo central de la ciudad se llevaba a cabo el desfile de los sueños, la ciudad entera alardeaba de tener la tradición más antigua, en un estilo urbano contemporáneo, todos visten lo que quieren ser, su aspiración más entrañable, su ideal inalcanzable. Alejandro decidió caminar por ahí, simplemente como un tipo autómata serial, escuchando en su I pod Imitation of Life de R.E.M, con un maletín estilo burócrata de antaño, su saco Hugo Boss, sus zapatos ferragamo, y un jersey de protesta "No a la matanza de moscas", con esa irreverencia absurda por una lucha que a nadie le importa, con ese estilo ecléctico que no denota simpatía por nada en especial, con ese orgullo de dejar atrás el boulevard de Wanna be y la esquina de Todos Mienten en dirección a la torre de los sueños, su rostro por fin le regala una sonrisa.

Los ecos de la ciudad al amanecer de un día martes enmudecen cuando el Boeing 747 la sobrevuela, después de tres horas continuas de ejercicio, de vaciar los pensamientos y fortalecer las extremidades, salta la idea de caminar, quizás la turbina del Boeing fertilizó su agudo sentido de concepción de premisas no concluyentes, caminar por el caminar mismo, sin afán de llegar a algún lado, recordó el revuelo que causó su protesta y su fancy estilo en la pasarela de los sueños, ese punto idílico donde su rostro sonrió, ese instante de ser quien realmente debía ser; sin embargo, no era momento para caminar, ni tiempo de ese impulso de identidad, pues sus finanzas le exigían centrarse en la realidad somera de trabajar, de ser ejecutor de un estado superficial de aparente confort.

Ahí viene el que nos da el sustento, seguro de sí y hambriento de más, come, traga, asfixia, mas nunca se indigesta, es insaciable su apetito voraz. En la lucha por sobrevivir, en la guerra por salir adelante, no halla parsimonia en su cometido, ladra fuerte mi colega, ladra mientras yo yergo el pecho y saludo con diplomacia, enriquece tu debilidad, yo te cobijo y cubro tus manos, así no saldrás batido de mierda y nuestros nombres pasarán a la historia. He escuchado el latido triunfal de un negocio cerrado, he escuchado el dinero cayendo en mis cuentas bancarias, he sentido su vigor corriendo por mis venas y más aún he adoptado este modelo como mío, aunque al final del día me mire al espejo y no conozca al que enfrente de mí se postra, avaro, soberbio y vacio. Sigo aquí fluctuando entre la inercia y la cuántica de mis ideales.

A las orillas del puente que divide lo marginal de lo aristócrata, con rocas simuladas se levanta un gran muro, el cual sirve de mosaico para anunciar los aconteceres de la ciudad, ya sea con posters o con leyendas escritas en grafiti, algunos pasan horas ahí reposando sus espaldas en imagen rockstar, fumando cigarrillos o leyendo alguna revista, otros lo adoptan como nicho para un rato de romance callejero, para Alejandro el día de hoy es un inmenso obstáculo que lo empequeñece ferozmente, es la secuela de un acobardado hombre mirando a las alturas en busca de los rayos del sol, coincidentemente su frente apunta a la frase "irremediable existencia" y su reloj marca las dos de la tarde, ha llegado ahí sin saber su origen, sólo y desprovisto de coherencia, con los bolsillos repletos de dinero y un abrigo de piel sintética que adquirió recientemente. Intermitentemente emana de él un instinto teatral que dramatiza a su sombra cubierta de manchas y plastas de cemento, ríe y llora el hombre, jadea en momentos, justo cuando no encuentra calma, y los tres tipos de su mente se esfuman con recelo, para luego erguir su ego en un trozo de papel remojado en el pavimento. La metamorfosis de su múltiple personalidad me sugiere tomar un trago mientras escucho a Chabela Vargas, fúnebre y melancólica canta Paloma Negra. Que corto se hizo este silencio, vino a bien adornarse con Royskopp.

En la ciudad una nueva historia

En la alcancía un céntimo más cae sobre la rendija, cuestión de suerte y de unos meses de ahorros para que Susana se regale la bolsa imitación coach que la vecina la ofreció en cómodos pagos semanales, cuanto más grande más pretenciosa, cuanto más pretenciosa más cerca de satisfacer su amedrentado autoestima, ha criado a un hijo que no teme en caer de las alturas mientras trepa por el andamio del multifamiliar, el niño se balancea sin cesar gritando con ilusión el llamado proletario del Tarzán, mientras el arcaico camión de limpia recoge los vestigios de lo que pudo ser una borrachera de banqueta. A unos tres kilómetros de esta pequeña semblanza popular el mundo se extiende ufano sobre las mesas de tepanyaky del restaurante japonés "Tofu and Sake", sobre la copa de vino añada 2005 de un pomerol que lentamente se precipita en los carnosos labios de la compañera de hoy, bien hecho el tipo A vuelve a las andadas. John Mayer influye en humectarla y el riesgo de susceptibilidad ya cruzó fronteras, una y otra vez, arriba y abajo, hasta terminar con un silencio mordaz y un apático comentario de despedida, se cayó en el juego y el juego se tornó en contra.

Sexual feelings do not pay attention in the way I say the truth. Comer estando en ayunas o vomitar para volver a comer, lo mismo da, si el menú es etéreo.

Corre, corre, no pares hasta ver el amanecer, una hora y media circundando por la ciudad, en la avenida "vista panorámica". Los pasos, sobre la bruma, entre la niebla; el sudar es intenso la palpitación estable aunque en frecuencias 140 150, pómulos enrojecidos signos del gélido clima de las 5:00 am, como selección musical el álbum Airdrawndagger de Sasha, Vamos Alejandro despéjate, siente tu cuerpo en armonía, siente tus pensamientos alineados con el flujo de tus piernas, olvida el muro, el miedo a la grandeza, a la vacilación, olvida el caos de tu múltiple personalidad, ¡inhala, inhala! deja en blanco la mente y vibra cuando el sol comience a iluminar tu rostro, que el mañana es la opción de redimir el presente, la sencilla esperanza de ajustar la realidad a los accidentes del asfalto por los que hoy andas. Uno, dos, tres, cien, diez mil segundos corren y el sudor ahora salino se condensa sobre la piel, las largas marchas del madrugar maratónico se extienden en miles de plaquetas alimentadas de oxígeno, por un pequeño instante se siente libre, por una fracción de tiempo se olvida quien es y de donde viene, por un momento se hace parte de una realidad compartida, su ser y su hábitat por fin en comunión, en perfecta armonía. Arde el frenesí, antagónico visitante de la clara pendiente que se aproxima, arden los músculos en exigencia de un descanso, callan las ideas y los argumentos se fragmentan en frases esparcidas entre neurotransmisores con sinapsis simultáneas. La última bocanada de aire para después parar, no quisiera, pero no hay glucosa suficiente para más, el perecedero júbilo concluye con el estiramiento, con la ducha y quizás con la inevitable continuidad de la monotonía. ¿Qué sigue? Automatizarse.

La fila en el banco es interminable, viernes de quincena y con día de asueto en lunes, el cheque indica la suma de dos millones trescientos veinte mil pesos, el beneficiario Alejandro, producto de un negocio corrupto donde fue favorecido para conseguir el contrato, sólo le bastó una cena, un arreglo en el porcentaje y un coctel de prostitutas para el comprador, era habitual cerrar tratos como este, una práctica necesaria si se sueña con pertenecer al selecto grupo amoral de la hi society, vendió por poco sus ideales y sus valores los amalgamó con el entorno corrosivo de una ciudad tercermundista, pese a esto la gente lo vanagloria como ejemplo del joven emprendedor moderno y exitoso, su ego agigantado ante las dadivas no hace más que mostrar su verdadera estatura. El pequeño hombre ahora es un tótem social que serpentea como un colosal anélido sobre la inmundicia del capitalismo sub-desarrollado, a los pies de un ídolo plástico llamado dinero.

Últimamente el insomnio lo visita alrededor de las 4:30 am la revolución interna de sus pensamientos le exige conciencia, y su seco paladar algo más que sólo agua. Meditabundo prende la luz de la cabecera, busca algo en que entretenerse, encuentra su libreta de escritos, la repasa con atención ignorando que dentro de sus líneas vive el ser cautivo de su triple personalidad, el diagnóstico de un lenguaje atiborrado de aristas, no es sencillo de entender, tampoco vale la pena profundizar en ello, mas bien, sólo es cuestión de enfoques, de llevar un trago de té a la boca y pasar a la siguiente página, metafóricamente hablando en eso se puede resumir su vida, páginas inconclusas, verdades a medias, sentimientos maquillados por modelos sátiros maquiavélicamente estructurados, un bastión de represiones, de figuras inalcanzables de un Yo perfecto. De un Yo que exige ¡más!

Se pararon donde termina la ciudad, el borde entre el pavimento y las milpas amarillentas, ellos tres, el tipo A, el tipo B y el tipo C, ellos tres viendo hacia el porvenir, que era sustituido por el conjunto de montañas que llevan al sur, en un dialogo improvisado, el tipo B corrige al tipo C, concluyendo que el porvenir no es el sur sino las montañas y que las montañas son altas al igual que el destino que les depara, No hay destino ni porvenir sólo el espacio y el tiempo que nos separan, dimensiones que convergen en el ahora en el vértice del presente y en la realidad próxima asumida por nuestros estímulos sensoriales; el tipo A se lleva una cerveza a la boca y enciende el radio, es Pearl Jam que toca Nothingman, es el viento en el convertible el que reúne los elementos para filosofar, es el fastidio del enajenamiento citadino y los problemas con hacienda los que hacen huir, al menos por un tiempo, es una vez más esa necesidad de algo que aparentemente no se ha encontrado en las arterias del urbanismo, de algo que los tres carecen, de algo que no se puede explicar. Las milpas se terminan y comienza el bosque y con el bosque la duda, saber que se deja atrás, el apego, el confort, el Dr. Valium y el gran muro, no es sencillo, mucho menos el saber que al regreso, si es que lo hay, quizás ellos tres no vuelvan.

Fátima es una chamán, popular entre políticos y artistas, mejor conocida como la señora peyote, por un ritual que hace con esta cactácea, se dice que ella tiene la respuesta a cualquier interrogante, se dice que hay un antes y un después la señora peyote. Alejandro busca confirmar la historia.

Fátima nació en un pequeño poblado llamado Pasitos, era la octava y más pequeña de ocho hermanas, desde niña mostró dotes de curandera y misticismo, su abuelo le enseñó el uso de hierbas medicinales y el diálogo con la naturaleza. Un buen día Fátima despertó sobre un tronco de madera flotando rio abajo, Pasitos había desaparecido por el desbordamiento del río Cantares y con ello todos los habitantes del pueblo quedaron sepultados debajo de lodo y árboles caidos, la única sobreviviente esta niña de 7 años. Hoy cincuenta años después aún vive en Pasitos o en lo quedó de él.

Curva tras curva, sonidos tenebrosos del anochecer, madera crujiendo, silbidos que rebotan, desesperadamente se busca un sitio donde pasar la noche, o bien una tienda donde comprar café.

Llegó asombrado de hallarse vivo en ese pozo sin fondo que simplificó con el sustantivo "milagro", tomó una porción de ungüento y lo frotó sobre su rostro, que entre dormido y acobardado lo llevó por un viaje metafísico hacia el entendimiento de su triple personalidad. Fátima ha desaparecido de su radio visual, la pequeña choza también, ahora flota ligero sobre aire azul, la tregua de un despertar acompañado de música relajante, y el humo del sándalo envolviendo su cuerpo anticipan lo que será el éxtasis de su visita guiada. Alejandro se dice a sus adentros "la múltiple disciplina que adoptan tus sentidos es la consecuencia básica de tus sapientes resultados" ¿Qué buscas? ¿Con quién te has citado? El tipo B se muestra borroso imaginativo y algo mordaz, su espectro sonoro ahora da un giro por las notas retorcidas del funk psicodélico, su vista recrea la urbe citadina de la ciudad **Collage** amalgamada sobre las montañas que llevan al sur, sus manos hacen círculos en señal de afinidad con el número ocho. Basta amigo, me simpatizas pero no al extremo de llamarte hermano, claro que te conozco, claro que he compartido contigo algún trago, mas nunca te he tomado en serio, al igual que el tipo B, el tipo C lastima, pero este con indiferencia y silenciosa crítica analítica, el súper ego de estructuras que apuntan hacia el juicio lascivo de mirarse derrotado, la furia caprichosa de ser dominante, de ser único e irrepetible ahora lo llevan frente a un espejo amorfo que sólo muestra la faz plástica del tipo A, inexpresivo, superfluo internamente vacio, suelta una carcajada y desaparece.

Alejandro sé quién eres y sé que estás temeroso, pero no hay razón para estarlo, ¡mírate! Observa tu naturaleza bella y perfecta, que empata sus accidentes con el ambiente que te cobija, ayuna y bebe agua yo estaré ahí para cuidarte.

Las piedras dejaron de tronar, el humo se fue elevando indefinidamente sobre el cielo oscuro, las últimas gotas de sudor se precipitaron sobre el suelo arenoso que las absorbía como queriendo borrar su rastro. Por fin abrió los ojos, para cambiar su mirada interrogante por una fría e inexpresiva.

A su vuelta, la gran urbe luce matizada en grises, las amplias avenidas y los multifamiliares de interés social sus rasgos típicos de elocuencia contemporánea. No parece atraído por ningún bar ni por una caminata al lado del gran muro, mas bien, se simpatiza por concluir el silencio y comenzar a escribir una serie de manifiestos que titulará "**El otro lado de mi Yo expectante, Manifiesto de un humano más**" toma un sorbo de café en la habitación de entretenimiento, prende la lap top, y simplifica estas palabras.

"**Yo expectante, yo creador, yo comensal de mis pensamientos, yo aturdido por los ecos de mi historia, yo humano más, yo síntesis de un coloquio social, yo entrepaño del mundo que me rodea, yo triple ser que se manifiesta en protesta, yo amante de las complicaciones, yo corredor de asfalto, yo ebrio social, yo personaje de un libro.**" ¿Seré real o sólo prosa anecdótica de un escritor?

Me detengo un poco para tomar alguna decisión en mi historia, ya que se puede volver un poco confusa la siguiente parte, habremos dos escritores interviniendo, uno con manifiestos y el otro, su servidor, con el ambiente que rodea al primer escritor. El modo aleatoria de la computadora toca a Moby, Extreme Ways y a Moenia, Contigo Estaré, no me dice nada, un detente, un continua, una señal de alerta… (lo meditaré, quizás mañana obtenga la respuesta).

La estulticia humana

La ciudad se ve solitaria pasada la navidad, la mayoría de los habitantes escaparon a mediados de diciembre a lugares más cálidos. Alejandro por lo contrario permanece ahí hasta terminadas todas las festividades, con su nuevo estilo seudo-artístico creador, se ha vuelto asiduo de cafés barrocos y pequeños lugares poco populares, se toma momentos de parsimonia para leer un poco y realizar algunas anotaciones, digamos que se está acostumbrando a ser él y a redescubrirse mediante sus escritos.

En vísperas del año nuevo optó por un doble espresso en el café "la esquina del parque" un lugar pintoresco edificado en adobe y con un estilo mexicano pre-revolucionario, el ambiente acogedor iluminado con luz cálida y dividido en cuartos por portales decorados con frescos vivaces y armoniosos, sentó las bases para la llegada de quien fuera su estímulo inspirador de aquí en adelante la "**estulticia humana**" enajenada en un marco conceptual de tres dimensiones, el ego, el miedo y la racionalidad. Una nueva cualidad que viene en tres, un nuevo concepto que depurar y desarrollar con Doctor Valium, así mismo también llegó la cuenta y un bolero interpretado por alguna artista local, el pulso acelerado y las glándulas estresadas visualizaron la belleza de la mesera, su tez apiñonada y sus pechos bien formados despertaron ociosamente el ímpetu conquistador del tipo A, dos frases bastaron para conseguir el teléfono y terminar esa noche sumergido en la entrepierna de esta bella dama. Ondas tecno dance surgen empáticas mientras el sexo oral culmina con un gemido de satisfacción y plenitud; Estulticia Humana ego, miedo y racionalidad unidas en un acto oral abrasivo pero deliciosamente ejecutado en esos rincones del pensamiento que nos hacen seres deseados y a su vez seres idénticos y necesitados. Respira hay un nuevo capítulo que escribir.

Ella quiere creer que hay algo más que sólo un taburete que limpiar y una sonrisa al comensal, ella que está en el principio de su juventud, quiere soñar en algo grandioso y sin precedentes ella que ha ofrecido su cuerpo por migas de cariño quiere creer que hubo un sentido; se recoge el cabello, ruboriza su rostro y ensaya la sonrisa de agradecimiento por la propina generosa. Ella que en su idílica realidad se percibe mínima quiere creer que fuera de Collage existe una oportunidad para su cuento de hadas. Entonces el miedo la sorprende al amanecer, ebria, desnuda y sola, enjuaga sus pechos, abre las cortinas, es el sol que entra y llena su rostro de cruel justicia y de la realidad absurda de un ego desprovisto de imaginación. Se sacude el llanto y toma el autobús hacia la esquina del parque.

Estulticia humana que sorprendes y dañas, cohabitas entre nosotros, pero con lenguajes extraños, nos avientas a la sádica versión del arrepentimiento que se racionaliza después de levantarse del fango.

Julia como dice su gafete ofrece disculpas por la tardanza, toma el block de notas y escribe la orden de la mesa 6.

La estulticia humana que he hallado, parte del principio básico de indiferencia, indiferencia que da encuentros; como el de la mesera que al día de hoy no se su nombre, y que en el rígido contorno de mis emociones después de alejarme sin siquiera decir adiós, no me hizo sentir más humano ni menos congruente simplemente estulto. De ahí mi temor a volver por un doble expreso, de ahí mi miedo a mostrarme frágil y sin máscaras, de ahí mi sentir por explorar la opción de separarme en tres una vez más, de dejar la urbe, de caminar hacia lo inexplicable.

Es domingo y Julia descansa sobre la terraza del séptimo piso del edificio de residencias para universitarios, un cigarro reposa sobre el cenicero de latón suvenir de la última excursión al centro arqueológico y una copa de vino parcialmente vacía gana temperatura al ser bebida lentamente, las caricias que aún guarda como recuerdo del primer invierno en la montaña la han hecho susceptible a los finales de Diciembre, los acontecimientos recientes le han volcado el ánimo hacia la melancolía. Saber de ella por mera convicción no le asusta, sin embargo la conduce a la irreverencia, a la pérdida de cordura a la gitana pasión del no importa, que deliciosa sustancia que rige su cuerpo, que frenesí hormonal la mueve, que sistema perfecto de acción, culpa y arrepentimiento. Se aproxima al balcón después de haber terminado de beber toda la copa, observa hacia abajo, el suelo se recubre de adoquín y jardineras en forma de cruces, la altura es considerable si se piensa en caer, mas no convincente si se piensa en el suicidio.

Recuerda que en su infancia Julia soñaba con ser ave, le gustaba mover los brazos arriba y abajo como alas rompiendo el viento, recuerda que su vista observaba el cielo, las alturas, en afán de conquistar las nubes, hoy su proximidad con el balcón la llama a volar, mas su vista apunta en dirección opuesta, en señal de cansancio y de finitud, tal como el cóndor en su vejez. Hoy la música es fúnebre, hoy el remedio de los males es precipitarse al vacío, cimbrar el adoquín con el contorno de su silueta y caer, sólo caer. En un acto de libertad estulta, de definida arbitrariedad de un ser que reclama un sitio en el cáncer del mal social, en el encuentro partidario de una respuesta que nunca llegó, en propina tributaria a aquellos que formaron el hueco de su corazón, la mesera de diecinueve años vuela en caída libre por tres segundos y miles de emociones transitorias que despiden los aires de Collage, los sueños de volar, de conquistar las nubes, de amar y ser amada.

La prensa captó la imagen de un cuerpo impactado en el adoquín, "estudiante de humanidades decidió aventarse del séptimo piso del edificio de residencias para universitarios, en acuerdo con la filosofía de devenir del siglo XXI (la optimización del uso; en otras palabras **ser desechable**)".

Cuando por fin culmina la visita de los inversionistas interesados en adquirir la empresa de Alejandro, el toma un tiempo para estudiar la oferta, quizás sea la oportunidad para salir de la urbe y comenzar un nuevo estilo de vida, quizás sea el momento de apartarse del ocio de deambular por cafés y bares; de conquistar universitarias, quizás sea momento de madurar. Tiene quince días para responder, mientras tanto hace a bien ir con Dr. Valium.

La sala de espera hoy luce enorme, la decoración ha cambiado se ve escueta y sin chiste, la iluminación es mucho más intensa y las plantas que había al borde de la entrada ya no están. Ahora que Alejandro va como un sola persona el tiempo transcurre más despacio, el tic-tac del reloj hace recordarlo cada segundo, su paciencia no es muy larga así que la espera se hace un mal obsesivo que se muestra en sus pensamientos y no lo dejan, quizás esta sea la respuesta inconsciente de su cerebro a mitigar los pensamientos que realmente fundamentan su visita, aquellos que se guardan en el sitio oculto, aquellos que lo hacen llorar, aquellos que lo han formado en este ser raro co-dependiente y adicto así mismo. Dr. Valium lo escucha realmente sin mucho interés pero con el suficiente para identificar las atipicidades de su discurso recurrente, los actos fallidos que manifiestan los ecos del inconsciente, del sufrimiento.

Collage presenta en su plaza central la exposición del retrato urbano de la ciudad, muestras fotográficas de distintos artistas, y fotógrafos recreativos, que captan la esencia y los matices de esta. Como una de las obras centrales está el collage de un compilado de fotos de periódicos entre las que destacan: inauguración de monumentos, huelgas, homicidios, festivales y causalmente la foto de Julia incrustada en el adoquín, Álvaro Rendón Carmona, el artista inspirador de este cuadro le dio por nombre "Las arterias de Collage en el collage de la prensa diaria". Dos años atrás Alejandro había adquirido una obra plástica de la galería de Álvaro así que conoce perfectamente su trabajo por lo que al escuchar que obras de él serían presentadas en la exposición decidió ir a darle un vistazo.

No soy una persona que crea en el destino pero hay concordancias tan inevitables en la perpendicularidad del día a día que lleva a los personajes de esta historia al vacilo de la hilaridad, a la superposición de un "destino" cruzado incluso más allá de la vida, actores espectadores y arte mismo, es lo que el retrato de Álvaro concede justo al postrarse Alejandro en frente, que sin mucho que decir, estulto en él, compró la obra, como una alegoría a su sínico pasado y a su incapacidad de escuchar las pequeñas pero importantes cosas que te grita la vida.

Muchos días han pasado desde la compra de "Las arterias de Collage en el collage de la prensa diaria" Alejandro aún no ha encontrado un sitio para potencializar su expresión, podría decirse que se siente identificado con las analogías que el cuadro y él comparten, piezas únicas que amalgaman las disyuntivas de una ciudad como Collage, personalidades ambiguas pero con rasgos auténticos matizados entre la belleza y la podredumbre y sobre todo la falta de un lugar acorde a su naturaleza. En estos días transcurridos Alejandro decidió vender el setenta y cinco porciento de las acciones de su compañía y dejó el puesto de administrador a un tipo raro de apariencia árabe. Esto le trajo muchos días de ocio y de reflexión, de alguna que otra parranda fugaz pero sobre todo de una gran actividad en la expresión escrita de su manifiesto.

Tiempo para leer

Matilde corre por el parque todas las mañanas de siete a ocho, después toma una ducha en su apartamento, mismo que da a la parte oeste del parque, se prepara un café cargado sin azúcar y toma su casco, su maletín y pedalea hasta el trabajo, ella es correctora de estilo en la editorial "Laberintos Cotidianos". Lleva trabajando alrededor de cuatro años en la editorial, comenzó como becaria y hoy compite por el puesto de jefa de edición.

La editorial se ha destacado por publicar los dos últimos libros del escritor Jean Carlo Pérez, un tipo que gusta de escribir acerca de los contrastes sociales entre la vida del campo y la citadina, así como dar semblanzas de historias paralelas dentro de estas dos vertientes, lo rural y lo urbano, asistemáticas realidades que adoptan cánceres propios pero que concluyen en un mismo cognado, el ser humano como imagen social de una añoranza subjetiva. Estos dos libros habían hecho que Laberintos Cotidianos ganara mucho dinero, y la había situado como la tercer editorial en importancia a nivel nacional.

Matilde se inclina por novelas ligeras y de fácil lectura, con historias y personajes comunes, sin tantos enredos ni mucho menos aristas filosóficas, digamos que busca en la lectura un reflejo de lo que es su persona, una mujer, trivial, sencilla, carismática y sin complejidades, buena de sentimientos y una risueña compulsiva.

Como iniciativa de Matilde la editorial organizó un taller de lectura y corrección de estilo para escritores amateurs, la intención es descubrir talentos, depurar sus obras y publicarlas, una forma fácil de tener un gran best seller.

Alejandro quiso entrar al taller, sin embargo al llegar a Laberintos Cotidianos, recibió la negativa puesto que el taller ya había iniciado hace tres semanas y era imposible que se incorporara, el tipo gordo de la camisa de cuadros le comentó que tenía que hablar con Matilde para ver las fechas del próximo taller, así que fue hasta su oficina pero no la encontró, le dejó un mensaje y una nota con su número y el título de su libro **Mi otro yo expectante, Manifiesto de un Humano Más**

Cartera con más de treinta mil pesos en efectivo, descapotable por Wanna Be boulevard. Benjamin Diamond atravesando los buffers y los twitters del stereo hi fi, actitud para una parada en Glacial, el champagne lounge que congrega lo fancy y lo deliciosamente femenino. No lo había notado una acompañante registra su presencia en el asiento del copiloto, vestido de una pieza en seda color coral, justo por arriba de las rodillas, contorno de sus ojos delineados, cabello suelto en movimiento. El yo expectante los observa en tonos grises y vivos rojos, toman, bailan, inhalan. Es tiempo de leer y de seducir, es cuestión de fe y de actitud, recién me libero del trabajo, busco inspiración, busco historias que contar. Se deja atrás Glacial, se ronda por la novena estación, ingresar puede ser riesgoso pero no dudan; ella, ya es otra, el vestido de coral ahora es pantalón de cuero y blusa Versace, casi cae en redundancia cuando se observo sin defectos en las manos. Amanece, anochece y vuelve a amanecer.

El celular suena, Matilde busca contactar a Alejandro; sin embargo, Alejandro no está, pardo vuela en el bullicio del electro dance. Habrá respuesta pero una vez que retome su persona, y su actividad literaria.

Collage lo tiene y lo despierta en un hotel, sobrelleva la resaca y su amnesia temporal, las huellas del mal nocturno y las envestidas al plástico de sus finanzas, vuelve en sí, como aquel que escribe, ya no se puede hablar del tipo A, del tipo B o el tipo C, todos ellos se han ido, hoy se es una mutación y un ser extraño, un tal Alejandro, un tal habitante de un lugar llamado Collage y un hombre que no respondió a la llamada de Matilde.

Toma sereno las llaves de su auto, se dirige a su libro de escritos y a su auto-terapia psicológica.

Se ven en el restaurante "El Mexicano", Matilde trae consigo la información del próximo taller y unas cuantas recomendaciones de libros de sintaxis, gramática y ejercicios ortográficos. Alejandro lleva una USB con su compilado de escritos y su móvil inteligente. Se saludan con cierto protocolo, para Alejandro es inusual conocer a mujeres de este estilo, Matilde rompe el hielo con un chascarrillo y un sonrisa simpática, a Alejandro le cuesta trabajo entrar en la broma y sólo extiende un poco los labios en señal condescendiente a su comentario. Charlan del por qué Alejandro gusta de escribir y de sus inclinaciones literarias, realmente no es un lector asiduo, el tiempo no le alcanza para este pasatiempo, antes por el trabajo ahora por su raro estilo de vida. Ella toca algunos aspectos de su vida privada, el cómo llegó a Laberintos Cotidianos y el último de sus fracasos en la vida amorosa, para Alejandro es extraño ver a este ser, lleno de vitalidad y simpleza, de una naturalidad incluso atípica, más en una ciudad como Collage, el encuentro termina con un intercambio de artículos, él entrega la USB, ella la información del próximo taller y sus recomendaciones. Curiosamente Alejandro siente un inevitable vacio al saber que el fin de tan casual encuentro ha llegado, pero a su vez siente una carga de positivismo en su espíritu, ella no presta mucha atención a sus emociones sólo vive el momento como algo ordinario e inercial.

Ya en su departamento, Matilde siente curiosidad por los escritos, así que calienta un poco de café, pone la música a un volumen casi imperceptible y se dispone a leer.

Al estar recorriendo los escritos y mediante avanzaba en las líneas de la inspiración de Alejandro, Matilde fue adentrándose en las complejidades de un sinsentido existencial, un vacio y un conjunto de carencias espirituales filosóficamente ordenadas en manifiestos de protesta, en reflexiones de inseguridad y en un esquema de auto disciplina aspiracional, este tipo estaba envuelto de varios pensamientos no concluyentes, de una imagen amorfa de sí mismo, de un incompatible engranaje con una sociedad bípeda y molecularmente imperfecta; sintió pena por él, pero a su vez se interesó por esta literatura rara y visceral, ella sabe que quizás no sea una literatura que venda miles de copias, pero sí una que hará mover susceptibilidades y se dará a notar como un oscuro retrato del común denominador del hombre contemporáneo, un grito desesperado de evolución en los valores que hoy nos rigen, un estudio diagnóstico de la enfermedad del siglo XXI, la falta de identidad y el inercial andar de las cosas. La tercera taza de café fue tomada, la sinfónica de los Tres Valles había tocado todo su repertorio en el reproductor de cds y la noche estaba en la mitad de su trayecto, Matilde apagó el ordenador, no sin antes saborear el último verso del primer avance del Manifiesto de un Humano Más.

Al día siguiente como era habitual tomó su bicicleta y pedaleó, esta vez con un ímpetu extraño y sin la sincronía habitual de sus pies, tomó la avenida el sendero, la cual lleva hasta el gran muro, por el que circundó velozmente absorta en sus pensamientos, esta ruta no era más corta, ni mucho menos la más segura, simplemente era una exigencia emocional por cambiar la rutina, por explorar nuevas alternativas, por emprender un cambio de actitud, no de su parsimonia sino de su coraje por conquistar nuevos retos. Su sonrisa habitual ahora era mucho más pronunciada, el brillo de sus ojos mostraba la expresión de aquel que ha hallado un motivo para luchar, sus mejillas sonrojadas se mostraban regordetas y cómodamente adaptadas al nuevo gesto de felicidad. Matilde se ve feliz, está feliz, ha hallado el menester de un diamante en bruto, ha encontrado la punta del iceberg para su crecimiento profesional, sabe que tiene que publicar el libro, también sabe que no basta con lo que hasta ahora ha leído, tiene que exigir más y para ello hace falta conocer y compenetrarse en la vida de Alejandro, depurar ese frenesí emocional que se levanta intermitentemente por los reglones de su manifiesto.

Historia de amor al estilo Dr. Valium.

No redundaré mucho en las cualidades de estos dos personajes que ahora toman fuerza en mi historia, tampoco quiero caer en el convencionalismo del amor de telenovelas, pero sí me gustaría explorar la posibilidad de crear un romance, creo que le puede dar sustancia al libro, y un giro dramático a las estrechas ramificaciones de orden secuencial que llevo hasta este momento, aunque a decir verdad no soy yo quien le da vida a la historia, sino el mismo poder de los personajes.

El amor como un utópico vendaval, Dr. Valium aborda el tema cuando Alejandro acude a él, que extraño que ahora se hable de este sentimiento, si en la obsesiva estampa de sus pensamientos sólo hay cuestiones racionales de un significado existencial, de un cuadro reprimido de amargos recuerdos de su infancia, de destellos de cariño y de vagas memorias de un pasado acogedor. Decide suspender las píldoras, y recetar esparcimiento, decide dejarlo ir por un tiempo, y prescindir de un ingreso seguro, ya no hay mucho que hacer, parece que el paciente en cuestión ha dejado libre la posibilidad de cura, la posibilidad de humanizarse y llenar esos huecos de su antigua personalidad.

La cita en su casa, como pretexto el avance de su libro, su cuartada una botella de vino tinto, Marvin Gaye, la chimenea a fuego medio y una cena comprada en LE Francois, ella llega en taxi algo retrasada, puesto que le tomó tiempo escoger su atuendo y delinear sus labios, luce algo nerviosa pero al fin impaciente por lo que depare este encuentro. En la cena ella habla principalmente de las cualidades que ha encontrado en sus escritos, de cómo sin ser fan de literatura como esta, ha caído en una especie de deleite e interés y de cómo se expresa el sentir de un humano más que vaga errante en las entrañas de un mundo efímero y a la vez material, ese contraste que suena inverosímil pero que en los pasajes se percibe anecdótico e inevitable, es algo así como un decreto de limitaciones, un grito de reproches y el accionar de una transformación, él cambia el tópico y elogia sus labios, que perfectamente contorneados juegan trémulos con sus dientes y el creme brulé, habla un poco de la sutileza de sus movimientos y de cómo sus palabras recaen en ese torbellino de sus emociones, ella sólo ríe y toma agua.

La velada fue exquisita, un poco de romance, de filosofía, de aromas franceses mezclados entre la comida y las fragancias corporales, música de fondo algo de Cerati, de jazz y de Marvin Gaye, intercambio de miradas en una especie de juego de seducción, y ese intermitente deseo por cruzar fronteras, que sólo llegó a un roce de manos y a un desliz de dedos entre el cabello suelto de Matilde. La despide no sin antes dejarle en claro lo mucho que disfrutó de su compañía, ella asiente con gesto de cortesía y le recuerda el motivo de su visita cuando le pide más de sus escritos para seguir con la corrección de estilo.

La mañana vino sin avisar, con el timbrar del teléfono en amenaza continua y con el destello de luz que se entremete por las persianas de su alcoba, Alejandro contesta, todavía adormilado y en trance emocional por la noche anterior, es uno de sus nuevos socios quien le dice que urge una reunión para tocar temas de fondo para el futuro de la empresa que se ha visto envuelta en escándalos políticos por la manipulación de concursos y actos de corrupción con funcionarios públicos. Alejandro no se extraña por el acontecer, tampoco se exalta en demasía; su nuevo proceso de transición ha serenado sus impulsos reactivos para noticias como esta, confirma la asistencia a la reunión y cuelga.

El extraño sabor de satisfacción de un proceso de cambio, la sutil presencia de un romance que inicia, el clima cálido de los últimos días, conforman la escena de un renovado espíritu, y cesan al menos en intensidad los pensamientos continuos de obsesión, de menoscabo del alter-ego, del conflicto existencial de un ser que no halla un lugar ni un motivo.

La reunión con los socios termina, el problema es grande, especialmente porque se ha politizado en estos tiempos de campaña electoral, se habla de un juicio en contra de la empresa y se pone sobre la mesa una posible aprensión del representante legal, quizás lo penal no sea lo más problemático, ya que este proceso puede tomar años más con el sistema judicial con el que se cuenta, además se está consciente que después de las elecciones esto cambiará, especialmente si gana el partido al que se le ha apoyado por años, cosa que no se ve difícil pues lleva la delantera por un margen del veinte por ciento, el problema en cuestión radica en el desistimiento de contratos y el bloqueo del gobierno a la empresa para nuevos procesos adquisitivos, los accionistas culpan a Alejandro de haberlos metido en este embrollo y de comprometer sus inversiones al no ser totalmente claro de la situación y del cómo operaba la empresa. Alejandro no hace más que escucharlos, él parece no preocupado por este tema, más bien, en cierto modo aliviado, esto puede ser la opción de dejar atrás todo lo que denota vestigios amorfos de su personalidad, esto puede ser el empujón que necesita para llevar al extremo su necesidad de trascendencia, su necesidad de identidad y de espíritu literario, así que concluye la reunión con una junta de asamblea para liberar de toda responsabilidad a la empresa y sacarlo de la sociedad, con esto los nuevos socios podrán manejar una reestructura organizacional y presentar a la compañía con una nueva identidad moral.

Matilde suele cantar en la regadera, este raro hábito lo tiene desde pequeña, no recuerda bien cuando inició, sólo tiene memorias de su esbelta silueta de ocho años caminando por el pasillo que llevaba al baño, un pasillo angosto oscuro y algo lúgubre el cual le aterraba, para su mala suerte era un sendero que necesitaba andar todos los días, así que al caminar cantaba como respuesta firme a su temor, como si su voz fuera una acompañante que la protegía de esos muros grises y ese rechinar del piso a cada paso que ella daba. Invariablemente sus canciones vislumbran su estado de ánimo, invariablemente su tono se eleva al ritmo de sus pulsaciones, esta vez se escucha fuerte, entregada, llena de vida; a medida que el agua corre por su cuerpo sus melodías adquieren vibraciones de amplitud entusiasta y positiva, se percibe el triunfo, el amor, la felicidad y sobre todo la germinación de un ideal que se acompaña por el cosquilleo y la indescriptible sensación que le provoca su presencia.

Tienen un encuentro más ahora en el departamento de Matilde, el llega algo ebrio y con una rosa blanca. Ella preparó algo convencional para comer, pasta y ensalada, él prefiere evitar la cena y sintetizar el encuentro al aproximarse a sus labios y a despojarle de su ropa, ella no entiende este arrebatado impulso pero decide dejarse llevar por el acecho, incluso proponer un poco al aproximar su mano al miembro de Alejandro que en obvia excitación está firme y dilatado, al poco rato se encuentran sobre el love seat teniendo sexo, un sexo no muy romántico, más bien, impulsivo y algo fugaz, sin embargo ella concluye con una caricia y un te quiero, él con un silencio, un suspiro y un hasta luego.

El tabú de un corazón no acostumbrado a recibir cariño, perro que traiciona a sus dueños, neurosis infantil que no entiende la diferencia entre los semejantes, revolución emocional que va más allá del amor hacia un estado del no sufrimiento, es uno de esos días en los que el tenerlo todo no simboliza nada, es uno de esos días de carencias, de significados absurdos por quererlo entender todo. Corre sobre "vista panorámica" Collage hoy es un viejo conocido de contrastes y matices, que se resiste al cambio al igual que su ser hoy matizado y contrastante del mismo modo, sus piernas no quieren continuar, su corazón le exige más, pero tristemente no hay armonía. ¿Qué pasó con ese sentir de la velada francesa? ¿Qué paso con la posibilidad de un cambio, de un romance? ¿Sigue ahí? ¿Qué pasó con Matilde y sus caderas redondeadas? ¿Qué ha sido del manifiesto de un humano más?

Matilde lo busca, se siente algo culpable de su distanciamiento, debió detenerlo, pero su torrente hormonal no le permitió pensar; él ha decidido no contestar por lo menos hasta sentirse seguro de no caer herido y de no morder a un ser tan sencillo y tan bueno como Matilde.

El teléfono de Dr. Valium vuelve a agendar una consulta, y el champagne lounge a deslizar su tarjeta. Matilde por su parte pedalea sonriente pero incrédula de la situación no sólo por la repentina huida de Alejandro, sino por el sentimiento de placer que el último encuentro despertó en ella, no se siente utilizada ni mucho menos, más bien, quiere más de Alejandro, de su cuerpo, de su inspiración, de su vida, de este ser errático y caóticamente abrumado por su vaivén emocional, por este obsesivo humano que racionaliza casi todo a excepción del ebrio impulso de desnudarla y tenerla, esos últimos minutos que pasaron y que le hicieron conocer otra faceta de él, igual de exquisita y anormal, igual de irreverente y audaz, igual de enferma y disfuncional. Ha caído en la cuenta de que esta terriblemente enamorada.

De mordaces recuerdos de infancia y de un viaje al Este

Al pasar por la sala tiene que enfrentarse a una nube espesa de humo de cigarrillo, y al sonar de las copas en respuesta de un salud; es viernes por la tarde la habitual reunión de sus padres con amigos cercanos, él de tan sólo siete años observa maravillado a esos individuos que ríen y debaten cosas absurdas, que pierden cordura conforme el alcohol entra en la sangre, el único hijo, el único infante invitado a la reunión, quizás por la fortuna de ser el anfitrión, quizás por mero capricho de la vida. Alejandro vivió esta escena un centenar de veces, algunas de ellas él mismo limpió vómito, otras sólo sirvió de mesero provisional, el caso era que siempre acababa mal el festejo, su padre ebrio se tornaba un seudo-artista reprimido, su madre coqueta y ligera en su moral y él la pieza clave para reprochar los excesos y el accidente que los llevo a unir sus vidas. Conforme crecía, su idea de familia se volvía compleja, así como sus expresiones de cariño se limitaban a la manipulación por conseguir algo, no se enorgullecía de sus padres, tampoco le llamaba la atención su guerra marital, mas bien, se internaba en sus emociones idealizando un mundo azul y liviano; de vez en cuando llevaba un trago de destilado a su cuerpo, probablemente en figura adoptada por el modelo paternal, probablemente como respuesta a la identificación del anhelo de verse como su padre, de sentirse como su madre, de adquirir sentido a su niñez y a su pronta pubertad. El padre cayó enfermo y murió, la madre en depresión continua tomaba pastillas mezcladas con alcohol, cuando no estaba ebria, estaba dormida, cuando no estaba ni ebria ni dormida, simplemente ausente. Él se fue a los diecisiete años, el último de sus recuerdos la bata de seda blanca de su madre tirada a medio pasillo junto al cinturón talla 42 de un tipo robusto que compartía la cama con ella, el portón abierto de par en par como invitándolo a la fuga y varios frascos de vino tinto sobre la mesa del comedor.

El niño ha crecido, marginalmente en su subconsciente habitan esos recuerdos, ese afán de creerse indigno y ese sentimiento relegado de un ayer sombrío y triste. Sus padres son dagas que lo han marcado, los tragos de brandy son el valor que le permitió llegar hasta donde ahora está, un lugar no tan azul ni ligero, pero por lo menos con destellos de luz y aire renovado.

Por fin decide atender a la llamada de Matilde, después de un largo rato en solitario, después de unas cuantas noches de excesos y de unas cuantas páginas de insolentes verdades; ella no luce enfadada, se interesa por su estado anímico y sus días de ausencia, él prefiere guardar distancia y limitar su plática a los avances de su libro, ella lo escucha y lo deja ser, sabe que en sus escritos hallará las razones de su conducta, los gritos desesperados de ayuda de este ser bello y sin razón.

Matilde creció en los suburbios de Collage, que ahora más que suburbios son barrios completamente absorbidos por el crecimiento desmedido de la ciudad, ella es la tercera hija de un matrimonio convencional de clase media, desde niña encontró interesante las fábulas y los cuentos de hadas, y esa simplicidad de las cosas que en los cimientos de una familia sana y feliz se edifica como soporte a las envestidas del día a día, aprendió a ser compartida, a luchar por lo que quiere y a amar lo que posee, devota y con mucha fe, y sobre todo con una imagen clara de su persona, un autoestima poderoso y un gesto de humildad ante las adversidades. Ahora a los veinticinco años su patrón de conducta es el mismo, sin embargo, a medida que conoce más las entrañas de Alejandro ha cuestionado lo lineal y convencional de su vida, ha hecho una reflexión y le ha resultado aburrida, plana y bien trazada, quizás lo más loco que ha hecho hasta hoy es tomar el miembro de Alejandro y sentirlo como suyo, tomar sus escritos y apartarse del mundo, tomar sus irregularidades y amarlas, pero no sólo desde la perspectiva de un tercero sino desde el impacto que provocan en ella. Sabe que tiene que publicar este libro, sabe que tiene que aventurarse a darlo todo, física y emocionalmente, el sueño de ella fundamentado en el actuar de un hombre, en su capacidad de seducir, de escribir y de perderse.

La estación de tren se encuentra en el viejo barrio de callejas, edificada sobre piedra firme y con techo de lámina en forma de semicírculo, es una de las construcciones más viejas de Collage, la actividad de los trenes ha venido a menos en los últimos años, ya que esta industria tuvo serios problemas económicos a finales de la década pasada y sin suficiente subsidio económico por parte del gobierno para invertir en nueva infraestructura, el negocio se hizo poco rentable, sólo había cuatro salidas hacia dos diferentes destinos, uno la Ciudad Capital y el otro la Ciudad del Este. Alejandro la cita a las dos treinta de la tarde, treinta minutos antes de la única salida programada a la Ciudad del Este en día domingo, con boletos de sólo ida le propone la fuga, sin equipaje ni reservaciones, sin más que el simple espíritu del no me importa, de un existencialismo puro desfachatado y sin temor al mañana, sin contemplaciones por las exigencias que un rol social establecido impone, simplemente con el afán de perderse, de borrarse un tiempo de las historias de Collage, de buscar el Este, el puerto de pescadores y los hermosos peñascos, ella no dice más, sólo lo besa sujeta su mano y parte con él. El recorrido es de siete horas aproximadamente, abriéndose paso entre montañas y valles, el tren sugiere nostalgia y romanticismo, sugiere una tregua emocional, un respiro, un comenzar, un vaivén de ideas, un bálsamo para el cicatrizar de un sufrimiento continuo, de un dolor interminable, de un cristalino brillo de añoranza y perdón en los ojos de nuestro protagonista, de una semilla que germina en el corazón sereno de Matilde y de un par de motivos para simplemente observar el paso de los árboles y el colorido de las pequeñas aldeas que se refugian entre las montañas fuera del alcance de la modernización y el consumismo. Cumplidas la diez de la noche llegan a su destino, él la abraza y la lleva consigo a la posada de Don Miguel, sitio donde pasan la noche y donde su amor promete madurar y forjar raíces.

El día es soleado, el trémulo acontecer se enfrenta a la consciencia de la omisión, Matilde regresa de ese idilio amoroso y siente la presión de dejarlo todo, su trabajo, su seguridad, su confort, ella habituada a no correr riesgos, hoy se halla con una muda de ropa, seiscientos kilómetros alejada de su departamento y con un tipo raro que apenas conoce como compañía, pero el palpitar de su corazón es fuerte y su vista certera, llena de vida, por primera vez toma las riendas de su caminar, por primera vez no sólo añora la vida de un cuento de hadas, de una novela romántica de múltiples capítulos, sino que ella misma escribe actúa y vive dicha historia, la niña de clase media que jugaba a ser princesa hoy comanda sus emociones hacia las partituras de un posible enamoramiento, pero también hacia la vulnerabilidad de su sencillez.

Alejandro decide tomarse un tiempo para escribir, desde que comenzó el día se encuentra algo ausente, quizás la responsabilidad de cargar con las expectativas de un segundo lo ofuscan, aunque a decir verdad, la piel blanca de su espalda baja le da incentivos de sobra para llevar este viaje a algo más que sólo un par de noches. Ella prepara café y envía un mail a la editorial, argumentando que estará ausente un tiempo puesto que ha encontrado un posible baluarte de la literatura, el nuevo Jean Carlo Pérez de Laberintos Cotidianos.

Setenta y dos horas habían pasado desde su llegada, sus cuerpos, sus silencios y sus ratos de ocio, se volvían familiares, así como esas pequeñas manías que después de la segunda noche son imposibles de ocultar. El puerto era la morada de varias decenas de gaviotas, también era donde iniciaba su día, con esos claroscuros que la disfuncionalidad emocional de Alejandro aporta a la relación y con esa ingenuidad atípica de Matilde, recorren el muelle "La esperanza", para llegar al restaurante donde atraídos por el olor a pan recién horneado y a variedades de quesos europeos cayeron cautivos desde el primer día, después de concluir el almuerzo se toman un tiempo para observar el mar y para caminar en dirección a los peñascos, en el límite permitido por la propia naturaleza de la bahía el sol irrumpe su trayecto y hace sombra con el peñasco llamado "Salvador", la brisa choca emitiendo un silbido singular e inolvidable, justo ahí Alejandro observa el paisaje, a su compañera, a él mismo desde una perspectiva paralela a su perfil, se siente otro, un tipo callado y congruente, un artista en potencia y un empresario retirado, aún con espíritu ebrio y difuso, pero mimetizado al entorno, aún con equipajes de su pasado que carga como loza de mármol sobre sus hombros, pero con pies ligeros y huellas permanentes, que ha sido de él después de Collage, que ser raro se gesta en su inconsciente, que incomprensible sentimiento emana de sus rígidos engranes emocionales, que hace al lado de esta mujer que lo seduce al placer pero que más allá de un insumo para su carnalidad es un regalo para su espíritu, donde quedó el polvo blanco y las prostitutas, donde los depósitos bancarios y los créditos millonarios, quizás en el sitio preciso de su personalidad, en el baúl de las cosas sin importancia. Al cabo de un rato de ese estado contemplativo Alejandro sonrió, pero no en tono de hilaridad como cuando vistió el jersey "no a la matanza de moscas" sino en armonía y en concordia, en precisa comunión con sus signos vitales y con su imagen del Yo añorado.

Los días siguientes fueron fugaces y más o menos parecidos, el lunes se hacía domingo y el domingo martes, hasta que un buen día lo inevitable llegó, las cervezas fueron más de la cuenta, la música en compañía de una mulata bien torneada y un carrujo de marihuana mezclaron la múltiple sensación del desprendimiento personal, curiosamente no sólo en Alejandro sino en Matilde que en su inexperiencia con alcohol y drogas explotó vehemente al juego de caricias de Alejandro y de la mulata; se juntaron salivas y sudor de estos tres irreverentes personajes, la tarde noche para explicar lo que sucedió fue algo parecido a un cuento erótico de publicación semanal. A la mañana siguiente Matilde se había ido, una nota de despedida, con sólo una idea en concreto, "espero el avance de tu libro en mi correo, gracias por este viaje, sin duda no seré la misma a mi regreso". Alejandro asimiló la idea de su soledad hasta una semana después, al contemplarse en perspectiva paralela a su perfil, pero esta vez completamente solo y en sustitución de su sonrisa una lágrima.

EL ARTE DE COMPLICARSE O DE SUBSISTIR

Un momento bastó para darse cuenta de la poca importancia de la despedida, una lágrima selló el sufrimiento y con esto la habitual conducta desinteresada y vacía volvió a circundar en su actuar, las páginas se llenaron de manifiestos racionales, se sesgó la sencillez por palabrerías complicadas y el retornó del obsesivo hábito de pensar y pensar dio un reiterado matiz a su libro, la insatisfacción como pieza fundamental de la subsistencia humana.

Ella volvió a pedalear y a ser puntual en su llegada al trabajo pero en lo que resta de la historia, sólo será una buena memoria de Alejandro y la portavoz de su inspiración al darle estilo a sus escritos, al menos es lo que ahora vislumbro como creador de este drama. Quizás antes de olvidar a Matilde es prudente decir, que decidió mudarse a un departamento más pequeño, ya que sus anhelos por conseguir la plaza de jefa de edición se esfumaron al tomar el tren esa tarde, también perdió unos cuantos kilos y se tiño el pelo, su atuendo lo cambió a un estilo alternativo y la simplicidad de sus ideas se ramificaron en poco más complejas estructuras mentales, el conocer el sufrimiento y la pérdida de su voluntad, la hicieron cautelosa y desconfiada y para su pesar todavía enamorada de Alejandro, aunque no sabe si de su persona o de sus manifiestos que provocan e incitan a la liberación del SER, ronda inercial por su acostumbrado y convencional estilo de vida, en espera de su único alimento espiritual, el avance semanal que Alejandro le envía sin asunto y sin cuerpo en el correo electrónico.

Entrado el mes de marzo agenda cita con Dr. Valium, el tiempo que se ausentó no hizo cambio en su discurso, aunque sí en su capacidad de pago, duda mucho que pueda adquirir las cuantiosas pastillas que le ha recetado, sus finanzas están por los suelos, puesto que hacienda congeló sus cuentas hasta no aclarar la supuesta evasión de impuestos, parece que el tiempo ausente que pasó en el este también mermó en él aspectos de su solvencia económica,,; está pensando en vender su casa y el jaguar, mudarse a un sitio al otro lado del muro cerca de la editorial, un departamento de dos recamaras y una estancia de cuarenta metros cuadrados, sus piezas de arte empeñarlas por lo menos hasta arreglar está contrariedad, así que el curioso destino convergente de ser propietario de "Las arterias de Collage en el collage de la prensa diaria" se bifurca en esa separación que conlleva su falta de liquidez, la mesera suicida en imagen incrustada al adoquín ocupará ahora la vitrina de una casa de empeño, y con esto quizás el último rastro de un daño colateral no consciente.

Durante tres días continuos ha llovido en Collage las montañas más cercanas y el hermoso volcán están completamente nevados en sus cumbres, las calles principales han tenido algo de problemas con administrar tal cantidad de agua, algunas de ellas se han inundado otras sólo confundidas canalizan la lluvia a las coladeras laterales que separan el acera del pavimento, a Alejandro le ha dado por caminar con una gabardina un paraguas unos jeans y unos tenis puma, ha tenido ciertos problemas con evadir los charcos o con resbalar en las partes empinadas pero este pasatiempo le ha ayudado a despejar su mente, a pensar claro, tanto en el problema con hacienda como en el extraño sentimiento de ausencia y soledad que ahora tras la separación con Matilde ha compartido con su yo consciente, en ocasiones para por un café o por un poco de combustible alimenticio, pero en realidad su día lo dedica a caminar, sin ningún sentido direccional específico aunque sí con un sentido semántico de reflexión y contrariedad.

Tras vender el Jaguar y empeñar las obras de arte, ocupa parte del dinero para comprar un departamento, la otra parte la guarda en efectivo para sus gastos diarios, el dinero obtenido por la venta de su casa fue directo a una cuenta de hacienda, sólo como pago de intereses, multas y el veinte porciento de su deuda, la negociación del pago restante debía ser liquidada en un plazo de cuarenta y ocho meses, así que tiene que comenzar a generar riqueza de lo contrario su inspiración no le alcanzará para vivir, en este punto su libro fue olvidado, sus males existenciales se alojaron en el baúl de las cosas sin sentido, y el conflicto emocional de su pasado simplemente se quedó dormido, parece que las exigencias de un mundo real y en movimiento, lo ausentan de sus embrollos psicológicos, parece que la presión de hacienda y la necesidad de recursos lo han enrolado y hecho pieza activa del entorno social en el que cohabita, incluso el sentimiento de ausencia y soledad se dejó a un lado, volvió a emprender lo que mejor sabía hacer, una empresa de negociaciones y de contactos, un estilo bróker que acerca gente, productos, servicios con necesidades; enfocándose ahora no sólo al sector público sino también al privado, ya había tenido bastante de la corrupción de los servidores de gobierno, aunque al entrar en negociaciones con el sector privado vio que cojean del mismo lado, concluyendo que este estilo es un mal cultural de su país y un modo de vida, que bien hace crecer como la espuma un negocio, pero que lo frena en innovación y en buenas prácticas administrativas, justo lo que le había pasado.

Al paso de unos días se ha convertido en un número de serie, en un estereotipo autómata que busca subsistir, que busca satisfacer necesidades básicas, el complejo tripartita que conocimos en el inició de nuestra narración, es un modelo simplista del hombre trabajador, un títere de la voluntad social, un individuo más, que se levanta, conversa, negocia, come y duerme, los mails de avance dejaron de llegar, las borracheras eran sólo en caso necesario de un buen cierre de negocio, era conocido como Licenciado, y puesto como ejemplo a la tenacidad, al aplomo y a la fortaleza. Incluso se consiguió una novia, una experta en ventas que conoció en la compra de diez mil aparatos ortopédicos para el centro de rehabilitación.

Qué diablos ha pasado con mi personaje, en qué lo he transformado, unidimensional, plano, y sin rarezas.

El vino y sus virtudes

Cuatro meses alejaban la realidad del Este y de la última caminata, cuatro meses dedicados a perfeccionar su estilo de hombre, con lenguaje claro y modales certeros, cuatro meses de no escribir, cuatro meses de no tener contacto con su ser menguado, con su última sensación de vitalidad, cuatro meses de no saber de Matilde, ni de la editorial; así que por mero reflejo de su pasado, decidió abrir una botella de vino, preparó algo de pan, queso y jamón y comenzó a degustarlos lentamente, la música seducía a abrir una segunda botella y con esta el baúl de los recuerdos, el bullicio de un conjunto de atipicidades que necesitaban salir y ser expresadas, se juntaron en protesta de su abandono, le dio rabia verse así con traje negro, camisa blanca y corbata a rayas, bien rasurado y con los zapatos lustrados, le dio rabia hallarse convencional, añoró leer sus olvidados manifiestos, añoró salir corriendo y experimentar sus pulsaciones a ritmos superiores de 160, añoró encontrarse con Matilde con su desnudez corporal y emocional, añoró desprenderse del exceso de gel en el cabello y de las llamadas para exigir pagos, sabe que el rendirse puede significar la quiebra, pero también sabe que su espíritu se ha palidecido, el ser adicto a los cambios emocionales, el ser obsesivo que no para de pensar, el artista, el loco desadaptado que se embriaga y que fornica sin emular afinidad por su contraparte, el que corre y despeja su mente, el que escapa a lugares cálidos para serenar su ímpetu, el que protesta por cosas sin importancia, el que tomó de la mano a Matilde y sonrió, el que hoy yace ebrio y confundido, el que la tercer botella le ha dado argumentos y valor para tomar el teléfono y escuchar su voz, el que junto al ordenador lee confundido los Manifiestos de un Humano más, el ser que busco como escritor y que amo como ideal de mi mismo, el tipo que según observo saldrá corriendo a buscarla con un nuevo avance en su libro, el poema del "Ebrio Renovado".

Doce y cuarto de la noche suena el teléfono móvil de Matilde, es Alejandro, duda en contestar pero su debilidad por lo imposible la empuja a oprimir la tecla talk, un silencio se hace antes de decir bueno, él la llama mi Matilde, ella sólo escucha su voz difusa y ebria, pero igualmente sensual, tengo un nuevo avance, pero te lo quiero dar en persona, quiero ver la expresión de tus ojos y de tu rostro al leerlo, quiero tomarte de la mano y sentir los movimientos inconscientes de tus dedos haciendo caricias delicadas en mis manos, quiero ser tuyo por esta noche, ella confundida le dice estás ebrio y los impulsos por tenerme cerca de ti son parte de tu embriaguez, marca mañana e invítame a cenar, hasta entonces descansa y sueña conmigo, el conmigo vino seguido del tono mordaz del término de la conversación, y de un arrebato juvenil de Alejandro, que tomó su escrito sus tenis de correr, y salió a encontrarla, corrió por trece cuadras y dos pequeñas colinas y llegó ahí al departamento del parque, hizo sonar el timbre varias veces pero nadie acudió, al tomar una bocanada de aire y fijarse en los detalles, observó que en el pórtico estaba colgado un letrero de Se Renta departamento 203, el mismo que había sido testigo de su primera noche en compañía, el mismo que había albergado sus cuerpos desnudos al decidir omitir la cena, el mismo que hoy en solitario no le dio entrada al encuentro. Cerró los ojos decidió dormir y soñar con ella, al pie de la letra siguió su consejo, aunque en una banca del parque.

El sol se asoma de entre los árboles, el fresco de la mañana viene con un viento frio que amarra las entumidas manos de Alejandro, el bullicio vehicular de un miércoles laboral lo despierta, con rezagos de aparente desconcierto mira su entorno cubierto de sauces y variedades de pinos, su escrito cayó de alguna forma y voló metros adelante, perdiéndose del rango visual de su autor, sus tenis de correr le recuerdan la aventura nocturna, y la derrota al no encontrarla, que hoy vista desde una perspectiva de sobriedad, parece ser favorable, decide ir por un café a los bísquets el Dorado un, dos, tres minutos para pensar y sentirse estúpido, desmejorado y sin nuevas premisas, sólo el arrebato de una noche de ebriedad y la confusa exaltación de una necesidad de compañía, de cariño y de entendimiento, decide poner fin al juego y no marcarle a Matilde, en rechazo a su propuesta, y en evasión a su vulnerabilidad, a la proximidad de un posible desencanto.

Ella espero más de veinticuatro horas por su llamada mientras continuamente observaba su teléfono celular, la llamada no llegó y con esto una nueva envestida a sus sentimientos.

Decide retomar su manifiesto, decide enriquecerlo con frases duras y cognitivas, decide tomarse un tiempo y empalmar sus necesidades económicas con esta pasión que lo auto-controla, se vuelve uno más entre los que circundan, pero también uno que cautivo y ermitaño se desmenuza entre palabras, párrafos, textos y formas, muta en la mañanas para recobrar lo suyo, y por las noches se vuelve inspiración y filosofía.

El manifiesto por un tiempo no recibió corrección en su edición, pero avanzó firme, y con estructura, consolidando las fortalezas de su autor y a su vez implícitamente mostrando sus debilidades.

Aniversario

Será un afán descontrolado gris y sin vergüenza, darme cuenta que hoy cumplo un año de escribir mis pensamientos, serán un sinfín de historias y pasados aturdidos los que usted lector admirará en su momento, he pasado por mucho, aunque a su vez por ciclos, por simples elevaciones, caídas y balance de estos dos, hubo enamoramiento, nacimiento de un nuevo individuo gestado por una triple personalidad, hubo besos, carisias y sexo, hubo perdida de razón y envestidas económicas, hubo encuentros fugaces y muchos kilómetros recorridos, y sin embargo hoy tras la finitud de mis escritos, me encuentro igual que en el inicio, perdido en mis pensamientos y andando inercialmente por los caminos de Collage. Este mal inevitable de mi realidad, es fatigante y cruelmente dañino, soy sin estar conmigo, soy sin saber de mí, y se sé de mí no me entiendo, quizás ustedes me ayuden a descifrarme, por el momento, tomaré mi vehículo e iré a concebir mi obra, Laberintos Cotidianos me espera como promesa de una revelación, un best seller para el complejo literario de un país como el nuestro. A decir verdad no creo que mi obra esté concluida aún, pero en respuesta al apetito de mis impulsos por concluirlo, editaré mi Manifiesto, en una no concluyente respuesta a mis preguntas. Quizás gire a la izquierda y la encuentre, quizás mi nuevo deportivo me tienda una trampa y maneje velozmente hacia el no retorno de la séptima y underground, quizás rebase mis expectativas y con esto mi ser nombrado como error entre dos individuos que se hacían llamar mis padres, quizás la simpleza de su mirada hoy luzca sin chiste y sin motivos para ser admirada, quizás hoy termine por destapar un botella y me embriague por el sólo gusto de sentirme vivo, quizás hoy mi talento recaiga en mis anomalías y con esto el martirio de una condicionante: mi ser saboteado por mí mismo.

Así lo hizo tomó el deportivo, y cruzó el gran muro, puesto que había comprado una nueva casa en el Residencial de Golf Diamante, la música era Mylo, el destino Laberintos Cotidianos y su atuendo un suéter bordado en un blanco aperlado, unos jeans true religión y una playera con la leyenda I love Collage. Sigue adelante por Wanna be Boulevard dobla a la derecha sólo por las ganas de seguir con el trayecto, en la cajuela, la última copia de su obra impresa, dos cartuchos tuvieron que ser utilizados para la impresión, su laptop con el libro en digital y tres cd`s quemados. Parece que el cielo lo cobija en gesto de amabilidad, y confianza, un escritor que nace, un baluarte de la literatura, un humano perdido pero trascendente. Cien kilometro por hora las cinco menos once y unos lentes dolce and gabanna sobre su frente, son los elementos a resaltar justo cuando a lo lejos el viejo edificio de la editorial aparece, inmenso y bellamente adornado con hiedra que cae sobre sus muros y un vitral en el ventanal del centro. Bajó algo incrédulo, caminó por el pasillo que lleva hasta la recepción, la secretaria anuncia su llegada, lo esperan en una sala previamente acondicionada con un video proyector una cafetera y galletas, están ahí, Matilde, Sergio Cabrera, el director de Laberintos Cotidianos, y Rosario González la jefa de edición, puesto obtenido tras la inestabilidad de Matilde a principios de año, Alejandro los ve y saluda, aunque inevitablemente hace un pausa al aproximarse a Matilde que en gesto profesional le extiende la mano y le dice por favor tome asiento, Sergio comienza la charla y exposición del proceso de impresión y publicación del libro, así como de las ventajas que Laberintos ofrece para impulsar nuevos escritores, le comenta de los derechos de autor, de las ventajas en posicionamiento y todo el marketing utilizado para que su obra cumpla con las expectativas de volúmenes vendidos, Alejandro sólo escucha, asienta con la cabeza, y de vez en cuando le echa un vistazo al escote pronunciado de Matilde que a contra ojo lo observa sin poder frenar sus miradas intrusas. Ahora Rosario toma la palabra y habla de la imagen del libro, del tipo de papel, del tipo de encuadernación y de meros detalles técnicos que a Alejandro no le llaman mucho la atención, puede darse cuenta que las habilidades de Matilde superan por mucho las de Rosario no sólo en tecnicismos, sino en la pasión por expresarlas, además que en un cuerpo como el de Matilde la cadencia de los movimientos armonizan las palabras, especialmente cuando se habla de estilo. Se cerró el trato con una buena negociación para ambas partes y con la condición de que Matilde fuera la líder de todo el lanzamiento, nadie como ella conoce el contenido, nadie como ella conoce al autor y a sus raras manías.

Doce treinta concluye la reunión, un pasajero rose de hombros y un susurro en su oído, Matilde es invitada a comer, ella no se niega, pero pone condiciones, a las dos pasas por mí, no olvides que ya has roto compromisos, no habrá otra oportunidad. Alejandro la observa sonríe y gira su dedo como diciendo regreso entonces en hora y media.

¿Qué ha sido de ti Matilde? Varios meses han pasado, sé que te mudaste del apartamento del parque, lo descubrí la madrugada que te hablé, sé, por lo que vi en la reunión, que no conseguiste la jefatura de edición, veo que te tiñes el cabello y que tu silueta es esbelta y sensual, ¿Aún te gustan las novelas románticas y los cafés nocturnos? ¿Aún llegas en bicicleta al trabajo? ¿Aún piensas en mí, cuando escuchas hablar de la ciudad del Este? Matilde lo interrumpe y pregunta, esa noche ebrio ¿fuiste a buscarme? ¿Por qué no hablaste al día siguiente? ¿Por qué todo lo complicas? ¿Por qué no contemplas y consideras a tu contra parte? ¿Por qué demonios sigues en mi vida? El toma un sorbo de agua, extiende sus manos para alcanzar las de Matilde, y con voz serena responde, porque te amo, todas tus preguntas conducen a esa respuesta, todas las frases que podría inventar o todas las excusas que te pudiera decir, concluyen en un te amo, en un amor que ha crecido desde el primer momento en que nos dijimos adiós esa tarde en el "Mexicano", pero bien sabes que en mis recelos personales, en mi fascinación por lo complejo, me pierdo y te pierdo; soy mi libro Matilde, soy la sombra de sus emociones, soy cada una de sus hojas frágiles y encuadernadas, soy ese inicio y ese fin ese compilado de Manifiestos de un Humano Más que hoy responde al nombre de Alejandro y que en un rasgo poco común se abre a ti, y te extiende la mano, para dejarte ver que su Manifiesto está inconcluso, puesto que hay una historia por escribir, "**la nuestra**".

Matilde retira sus manos, sus ojos llenos de lágrimas cambian la mirada, buscan perderse en un objeto cualquiera, su corazón le exige se aproxime, más el sufrimiento de varios días de esperar este momento le piden retroceder, tomar aliento y salir corriendo, no está acostumbrada a las complicaciones, como desearía poderse entregar, pero algo en su venas corre, un sentimiento de miedo y de angustia, un sentimiento que sólo había sentido de niña, al caminar por el pasillo y escuchar el suelo rechinar, un sentimiento que la lleva inconscientemente a cantar, comienza a cantar, primero en voz baja, después se eleva como en señal de liberación, mientras dos de sus lagrimas recorren sus todavía redondeadas mejillas.

La esperanza llega un poco tarde, el postre también reclama un espacio, mas las cuatro han dado y ella debe volver al trabajo, sin respuesta aún Alejandro pide la cuenta, y deja la propina.

Desde entonces, la celebración de un aniversario, no es precisamente una idea que lo llene de alegría, más bien una extraña sensación de un pudo ser. El libro continuó su camino, el diseño de la imagen es perfecto, entiende muy bien la naturaleza de sus escritos, también el acomodo y la secuencia han resultado de su agrado, tuvo algunos problemas al momento de descartar unos cuantos aforismos, Matilde comentó que no daban sentido ni esencia al compilado visto como obra, así que los guardó para una futura edición, con textos inéditos.

Con el paso del tiempo la relación de los personajes se volvió distante y cautelosa, ninguno se aventuró a dar un mal paso, en especial, Alejandro, que después de la comida, donde pronunció un te amo, y a cambio recibió dos lagrimas, y una canción a capela, se sintió algo tímido, quizás por descubrir su emociones y a su vez por encapsular las de Matilde. Hoy sólo experimenta un amor callado y un tanto amorfo, pero de igual forma bello y motivador, un amor que no termina de interpretar como dicho está en su significado semántico, pero que redescubre en cada momento compartido con Matilde.

El Lanzamiento

La última revisión se hizo, con esto, todo listo para el lanzamiento, y para probar su suerte, se prepararon conferencias de prensa, eventos especiales con grandes cadenas distribuidoras, Mi otro yo expectante, El Manifiesto de un Humano Más". Un nuevo autor que salta al escenario, una obra que pretende irrumpir en esos lugares profundos del pensamiento, una obra que seguramente afectará susceptibilidades, y que sobre todo hará al lector pensar, algo extraño en estos tiempos. Un compilado de aforismos que después de un aleatorio muestreo por las calles de Collage, toma a seres semejantes y los combina en un individuo con atipicidades en sus formas pero con rasgos y preferencias comunes en la manera de concebir su realidad, su afinidad con este mundo, su entendimiento por valores y por esa inevitable sensación de insatisfacción.

El libro llega a varias librerías y grandes distribuidoras, se pone a un precio preferencial las primeras dos semanas del lanzamiento, la portada llama la atención de los curiosos, pero el titulo los confronta y en cierto modo los confunde, la sinopsis es de igual forma aterradora, entonces prefieren extender el brazo y tomar el best seller "mil y un consejos para ser feliz" escrito por WWW. Happines.

El manifiesto no tiene el impacto que Laberintos había estimado, el mercado no se interesa por encontrar un nuevo autor que llame a pensar, ni mucho menos que ese autor sea un humano más; ellos, mas bien, andan en busca de modelos a seguir, de patrones definidos que no los hagan entrar en conflicto, veredas bien trazadas donde caminar, un ejemplo que adoptar y con esto evitar a toda costa la difícil tarea de concebir su ser como algo único, como individuo, como un ser libre inmerso en un mundo peligroso.

Alejandro en cierto modo encuentra reconfortante las bajas ventas, la falta de crítica y el desinterés por su obra, esto lo hace sentir por primera vez auténtico, quizás no trascendente, pero auténtico, para él, el simple hecho de soportar su manifiesto impreso con pasta dura sobre sus manos le llena, es algo así como un trofeo, un triunfo sobre el inconsciente malestar de muchos años, un diagnóstico, una receta y una cura, al menos momentánea, pero ciertamente eficaz y gratificante, no le importa el dinero perdido, ni el posible fracaso de su carrera como escritor, al contrario, este es el punto donde había soñado estar, en la sala de una editorial, en reunión con los editores, un libro de su autoría reposando sobre sus manos y con la respuesta negativa de aquellos a los que siempre observó como ajenos, una sonrisa irónica entonces completa su momento no sin antes recibir un abrazo de Matilde, un abrazo que propone la culminación de su historia inconclusa, o más bien, el inicio de una nueva aventura que escribir en compañía. El ideal de un yo visto desde un ser expectante se ha alcanzado, los argumentos de un manifiesto se alinean con las del autor y con su vida, que se esparce entre lo real y lo abstracto, entre lo material y lo etéreo, entre un juego mental de acción efecto y concepción; en cierto modo, sabe que habrá alguien que encuentre en sus pensamientos un semejante, ese alguien puede ser un ser cualquiera, pero con la capacidad de observarse en libertad, en manejo de sus actos de su finitud, de su naturaleza humana, bípeda y con lenguaje articulado. El abrazo lo recibe, lo guarda celoso en su memoria, lo eterniza y más tarde lo lleva consigo en sus ratos de ocio.

Matilde toma un ejemplar, lee sus últimas páginas y una vez terminado, lo coloca en la repisa junto a sus novelas favoritas. Alejandro le prepara un café y la espera en su cama, no para tenerla esa noche, sino para pasar una vida juntos.

Jugo de naranja (10 años después)

Se alejó sin responder a su pregunta, el silencio hizo sólo un eco a su interrogante y denotó el hastío de amanecer a su lado.

El día era fresco, las lluvias nocturnas esparcieron las hojas de los árboles frutales por el pasto, incluso alguna ramas se vinieron abajo, ella dio pasos acelerados como queriendo huir y callar sus pensamientos, el crujir de las ramas víctimas de sus pisadas respondían sonoras a su partida y elocuentes llegaba hasta los oídos de Alejandro que un tanto necios negaban sus reclamos.

Condujo a lo largo de cuarenta minutos por la avenida que lo lleva a la oficina, un auto volcado entorpecía el tráfico, usualmente despejado a esa hora de la mañana, en la radio las noticias matutinas informaban de nuevos crímenes en el norte del país, la oleada de violencia se había intensificado desde finales del año pasado, paradójicamente los conflictos con Matilde se agudizaron por esas fechas. Pensó, "al menos estoy en armonía con mi patria"

Le dio por marcarle y saber de ella, mas su mente aún no estaba despejada y sabía que escupiría palabras lerdas y sádicas por lo que prefirió abandonar su deseo, que mitigó cambiando de estación a la clásica de los 80's.

A su lado un BMW era conducido por una mujer delgada de cabello lacio que aprovechaba el embotellamiento para pintar sus labios de un rojo intenso, se perdió un rato en su ritual y en como perfeccionaba su técnica mientras avanzaba a paso lento junto al camellón, por un momento sus labios lo incitaron a besarla, sólo por el gusto de deformar el perfecto contorno que jugaba misterioso en el límite de su carnosidad, mas, un cristal y unos cuantos metros lo alejaban.

Apenas llegó a la oficina el teléfono sonó, era su asistente que se reportaba enferma de gripe, como sea no había mucho trabajo así que no le vio problema, tomó el café de la mañana, mientras analizaba las ventas del último mes, tremenda caída de un 18%, había que hacer algo creativo y pronto para salir del mal paso, tres meses con ventas a la baja era demasiado, Así que convocó a junta con su equipo.

De regreso a su casa a eso de las ocho de la noche, Matilde aún no había llegado, así que aprovechó la soledad para leer un poco, un novela de Murakami, preparó té y se sentó en el cuarto de tele, el tiempo se fue volando mientras se internaba por las calles de Tokio, con After Dark, pasada la media noche se escuchó la puerta, era Matilde. ¿Dónde has estado? le preguntó, al mismo tiempo que dejaba el libro y el cuarto té sobre la mesa lateral del sofá, ella se limitó a decir vagando, ¿vagando? Sí, acaso es tan difícil de entender, no, está bien asintió. Tomó una ducha y se fue a la cama, Alejandro, permaneció en la sala pero ahora, mas que leer, pensaba en las aristas conductuales que tiene cualquier vinculo, en como el tiempo desgasta las cosas y en cómo se sentía un extraño en su propia casa, al igual que en su niñez, era un mero espectador de los sucesos ocurridos dentro de esa estructura de ladrillo y cemento, que en muchos lugares le llaman hogar, pero que para él es sólo una guarida donde ocultar sus debilidades, no entendía en qué momento la relación con Matilde había dado ese giro, no entendía en qué momento ella se perdió en su nostalgia vagabunda y él en su mundo abstracto pero acotado al convencionalismo, hoy son seres queriendo entender su razón, inmiscuidos en el ciclo inevitable de las cosas sinsentido, quizás para Alejandro era habitual el hecho de flotar por dichos confines pero nunca pudo acostumbrarse a ello. Ya han transcurrido diez años desde el lanzamiento de su manifiesto, han sido diez años de compartir un techo con Matilde y con su simplicidad, que gracias al transcurrir del tiempo y a las envestidas emocionales de Alejandro esa simplicidad se ha vuelto dura, vagabunda, amarga y silenciosa.

La mañana siguiente llegó; usualmente en sábado como era el caso, sale a correr por el borde de la presa "Los Patos del Norte" que se encuentra a un kilometro de su casa, sin embargo esa mañana la cama le exige compañía y lo abraza celosa por estar con él, se resistió en un inicio pero al final cedió a sus encantos. Se levantó a eso de la diez y cuarto Matilde ya había hecho algunas labores domésticas y preparaba un jugo, Alejandro al verla duda en abrazarla, duda en decirle que la ama, que siente todo el mal entendido y que muere por volver a comunicarse con ella, mas, en su torpeza, su afán y su verdadera intención se agrietaron, trayendo como resultado sólo la expresión, ¡buenos días! Con voz ronca y entre cortada, Matilde pregunta ¿jugo? Sí, por favor, justo en ese instante ella rompe en llanto profundo y sincero, como el de aquél que se haya perdido, como el de aquél que no encuentra otra salida mas que el irrumpir el silencio con lágrimas y lamentos; en cierto modo Alejandro se conmovió de su estado, pero también le excitó ver a ese ser indefenso suplicando el final de un encierro emocional, suplicando unos brazos que calienten su trémulo cuerpo, suplicando volver al inicio, al sitio donde ella sonreía y pedaleaba velozmente al lado del gran muro, al sitio donde sus expectativas eran altas, simples y bellamente decoradas con sonrisas, al sitio donde los manifiestos de un humano más no irrumpían sus entrañas ni la quemaban de forma abrasiva, hasta quedarse sin espíritu ni gracia, a ese sitio donde una novela y un café conformaban un todo, a ese sitio donde verse al espejo significaba más que un atuendo sombrío y sin animación, a ese sitio donde su vida no era presa de un ser sádico, mordaz e incomprensible; Alejandro estremecido y excitado a su vez, se pasmó, solamente pudo observar como las lágrimas de los ojos de Matilde caían sobre los vasos de cristal llenos de jugo de naranja, y como el sudor de su frente se deslizaba sobre su rostro inexpresivo, Irónicamente había rogado por este momento, por encontrarse frente a ella, indefensa y frágil y abrazarla, pero ahora que la escena es justa y precisa no tiene importancia, muy al contrario dentro de él se regocija al verla sufrir, que clase de sádico es, se fortalece con su llanto, mas, hay restos de humildad que le dicen abrázala; al final, no hace nada más que tomar el jugo y decir gracias. Bebió jugo de naranja y lágrimas, bebió diez años de tiranía, diez años de una historia que se gestó en el margen de un pensamiento, en el corazón de una ciudad, en las extrañas formas de los hombres y de sus vínculos, en las frases de un Manifiesto, en los vagones de un tren hacia el este, en la proximidad de una mano sobre un miembro, en la atmósfera francesa de fragancias y comida, en el transcurrir de los días y en el continuo esfuerzo por verse ordinarios, en los recuerdos de una niñez y en una canción a capela. Ese mismo día Matilde se fue.

En algún punto de la vida del autor y del personaje

En vísperas de diciembre, se topó con ella, por casualidad en alguno de sus sueños, se mostraba fiel y cándida, sentada sobre una banca de herraje antiguo del Parque del Sufrimiento, de la ciudad llamada Collage, un listón rojo sujetaba su cabello rizo acaobado por el reflejo del sol de medio día, parecía sólo estar contemplando el panorama boscoso entreabierto por veredas empedradas que llevan a kioscos y pequeños lagos, mas, al observar Alejandro detenidamente el rumbo de su mirada, halló la cobarde expresión de sus miedos, concluidos en un sueño perfecto que significaba la descripción precisa de su persona y el resultado irremediable de sus años de complejidad, Un viejo hombre mendigando cariño, torpe en su lenguaje, frío y asustado en su postura, que escribe historias agonizantes que desprende de su cuaderno y tira a la basura, mientras la gente lo compadece. Un hombre sacudido por su pasado, un viejo que el tiempo lo alcanzó, condenado a vista cansada y pasos cortos, un viejo que es Él y Yo dando vuelta a las hojas de mi manifiesto, mientras soy observado por la mujer de mi historieta, una cicatriz de mi pasado que me recuerda que el jugo de naranja no es mi predilecto puesto que me llevó al sueño más de un hombre solitario del cual nunca desperté.

Un semejante en busca del manifiesto

Ayer, silenciosamente desperté del lado izquierdo de la cama, junto a mí, un circundante insecto volaba casi al ras de mi rostro, que bien respondía instintivamente al zumbido de sus alas; veintiséis grados centígrados, humedad del ochenta por ciento, el lento abanico que colgaba del techo no parecía estar interesado en mi sofocante amanecer, mas bien, danzaba intermitente sin culpa y sin prisa sólo como mera inercia de su automatizada realidad. Del mismo modo por esa inercia automatizada me levanté y sin prestar mucha atención al olor concentrado de humedad que provenía del closet lo abrí y tomé una playera tipo polo color beige, unos shorts y una sandalias sin ningún otro afán, mas que, el de salir huyendo.

Sobre la acera el pavimento se oponía a mi trayecto lanzando bocanadas de calor y de asfixia para mis pies, que en cierta resistencia a la adherencia del hule y el suelo se empeñaban por seguir luchando y dando un paso más a la vez, mi rostro algo entristecido y desaseado manifestaba la carga de varios días sin alimentarme adecuadamente, sin tomar un baño ni un buen descanso, en parte por mi condición económica, pero también por mi apatía hacia el trabajo. Quizás mi espíritu existencialista forjó el desinterés por convertirme en un tipo más, quizás esa es la conclusión de mi realidad vaga y en algún modo patética, vivo para respirar, para andar, para pasar el tiempo y una vez más llegar al acecho nocturno y depositar mi existencia en un sitio cómodo e inconsciente.

Hoy volví a despertar del lado izquierdo, el insecto ahora vuela un poco más alto casi en sincronía con el abanico, el mismo olor a humedad, la misma habitación recorrida de lado a lado por objetos desordenados y ropa regada, el mismo aniquilado espíritu, la misma barba enmarañada, la misma actitud de hastío, el mismo rostro triste y sin brillo.

Me dirijo hacia un estante de revistas, atropellado por los que caminan velozmente, uno a uno chocan mis hombros, uno a uno en frenética estampida, con prisa, con un aliciente que increpa la puntualidad, con un motivo por llegar a algún sitio, ¿qué es todo eso que hacen ellos?, una significante de su razón de ser, de su lugar en este suspiro de tiempo, de su efímera y fugaz realidad. En momentos quisiera ser ellos, mas, cuando observo su regreso no hallo diferencia entre mi estado y el suyo, mas que el cascaron de cutis perfumado y el traje ajustado con corbata lisa.

Ya en el estante hallé una reseña de libros y de pequeños escritos de hombres al parecer semejantes a mí. Me dio interés un texto que al pie decía **"Junto mis manos para vacilar con mis oídos, cuando el impacto que provoca su unidad resuena más allá de la morada de mi cuerpo, hallo significado a mi existencia"** El acto de aplaudir escrito con tal ironía, con tal incapacidad de entendimiento no del acto en sí, sino de toda la escena en cuestión, creando justificantes y estímulos para sentirnos vivos, reales y presentes, algo hay de esto en mí, algo tiene está frase que por fin me hizo emprender un objetivo, conocer a su autor y a su obra, un tal Alejandro escritor del "**Manifiesto de un Humano Más**"

Volvió a amanecer, el insecto se ha multiplicado en tres, mi realidad confundida por el sueño no interpreta del todo bien lo que sucede, parcialmente me hallo consciente, me confunde el rostro que se hizo presente en la madrugada, su severidad, sus rasgos crueles mal intencionados, y como salto de esa escena a la reprenda de ser azotado con látigos para luego aparecer desnudo con un hombre abrazándome morbosamente, el insecto se aproxima como queriéndome llamar a la realidad y en un impulso casi instintivo junté mis manos que resonaron en aplauso y en triunfo sádico por matar a mi huésped más viejo, mis oídos comprenden mi estadía y mi existencia adquiere significado, es como si la frase encontrada el día de ayer se materializara en vida y concluyera en los restos de alas y sangre incrustados en mi palma, es como si el manifiesto me llamara a ser leído como exigencia de un motivo para ducharme, para humanizar mi pobre espíritu acobardado.

Tomé el tren que lleva a Collage, tomé la maleta un frasco de ron y un paraguas, clase económica marca el boleto, por mi tardanza no obtuve asiento, tres horas de viaje y un vagón con sobre cupo, afortunadamente mi olor ahuyenta a las personas y me da espacio de maniobra, afortunadamente el pase incluye unas papas y un refresco, afortunadamente el libro de reseñas mitiga el tiempo y me transporta vertiginosamente hacia mi destino.

Collage no es el sitio que yo esperaba, incluso no sé si es un sitio que pueda inspirar letras con sentido, aún puedo volver, el tren parte en hora y media, y francamente no me siento cómodo en esta ciudad, no me siento cómodo buscando al autor de este manifiesto, para mimetizarme en su vida y darle enfoque a la mía, suena algo loco y fuera de lugar, quizás valga la pena fumar un cigarrillo y sentarnos a la orilla del andén, dejar que el tiempo pase y me dé respuesta.

Pasó más de hora y media, el tren partió y uno más volvió a partir, se hizo noche y la noche se hizo día veintinueve horas sentado a la orilla del andén, paré un par de ocasiones para alimentarme y para defecar y en una tercera decidí acudir a las anomalías de esta urbe, a caminar por ahí zigzagueando en parte por el miedo de seguir un camino trazado y en parte por los cinco sorbos de ron que fluían por mi cuerpo. Hasta ese momento no había pensado en la necesidad de dormir de buscar un techo, seguramente este monstruo de concreto y rascacielos ofrece espacios medianamente aceptables, caí dormido en la entrada de un condominio debajo de la caseta de vigilancia entre pequeños arbustos y una luz tenue.

Amaneció y como capricho absurdo al devenir de las casualidades un hermano artrópodo yace en seis patas sobre mi frente, dejé los voladores en mi origen, hoy amanezco con aquellos complejamente articulados. Doy un respiro extiendo los brazos y parto. No hay un plan definido sólo las letras de este manifiesto.

Frente a la puerta de Laberintos Cotidianos

Aquí estoy frente al sitio donde nació esta obra, que a mi entender se muestra inconclusa, nadie atiende a la puerta parece estar abandonado el edificio, un viejo letrero cuelga en la fachada, repaso cuanto tiempo llevo caminando, repaso hace cuanto salí de mi origen, repaso la fecha de edición en el libro de reseñas, no hay concordancia entre lo que veo y lo coherentemente lógico, decido aplaudir para centrarme en lo veraz de mi existencia, mis oídos confirman mi presente; luego entonces, toco con vehemencia hasta hacer sangrar mis nudillos en el portón apolillado, llevo mis mano a mi cabeza en clara señal de desesperanza, aún así la puerta permanece cerrada y mi llamado no atendido. Cierro los ojos por no sé cuánto tiempo. Y amanezco del lado izquierdo de mi cama con el insecto circundando mi rostro y el ventilador lentamente oscilando en infinitas revoluciones. Busco una vez más el oriente que en las noches de mi cielo sin luna deambula en latitudes contrarias a su verdadera dirección, busco un cigarrillo, un vaso de leche y un pretzel para aminorar la carga de mi amnesia temporal, ¿cómo demonios regresé a mi guarida? ¿Cómo demonios me pulvericé en millones de partículas y floté ligero sobre terrenos lodosos y concreto inerte? más de doscientos kilómetros de osmosis y de aparente inexistencia, ¿cómo demonios me explico este argumento sin antes intimar con quien creo es mi delator? ¿Cómo aclaro mi cordura si su manifiesto es el resumen psicoanalítico de mi efímera realidad?

Tocan a la puerta, me inquieta el ritmo del nok nok, algo me dice que debo tomar el backpack y salir por la ventana, pero prefiero esquivar mi intuición y atender al llamado. Curiosamente mi barba ha desaparecido y mi cabello luce algo corto, no recuerdo el hecho de haberme afeitado ni una visita a la peluquería, sin embargo me siento cómodo con el hecho de estar así, abro la puerta y me encuentro con ella, una chica esbelta, alta y con caderas prácticamente perfectas, me llama Hernán, no sé de dónde sacó el nombre pero se ajusta a mi nuevo look, así que asentí sin decir más, me pide que la ame, y se vuelca contra mí, yo aún con resquicios de pretzel en mi paladar evito besarla y más bien utilizo mis manos para complacerla que en cierto expertiz hallan su morada y para su fortuna vibran impacientes y sin descanso.

Y amanezco nuevamente del lado izquierdo de la cama pero sin ella, sólo un rastro de su visita marcado en mi cuerpo y un puño de ceniza sobre el buró, el insecto por fin escapó y el manifiesto que inició esta historia se ve concluido por la posición del separador en la página final.

Decido caminar y escapar de igual forma, mis pasos serán mi guía, mi mundo los reglones de este malestar. No sin antes regalándoles estos fragmentos, no sé si hay más de ellos, no sé si vayan a escribirse más, no sé inclusive si el hoy ya sucedió o está por suceder: sin embargo, mi deber como poeta y existencialista, maltrecho y desenfadado es servirme y servirles de plataforma ilusoria para la antesala de estos pensamientos, de estos manifiestos y de estas alusiones de un escritor llamado Alejandro habitante de Collage. Un humano más en busca de su identidad. Espero sean de su agrado.

En los pensamientos de Alejandro

"Manifiesto de un humano más".

Reflexiones, Aforismos y Cuentos Cortos.

Lluvia de ideas

Doblamos sin querer a la izquierda
Mierda es el infierno
Come cebo pero no escupas
Atrás sólo hay pasos ignorantes
Rehace tu festín quizás no es tarde
Arameo ¿quién diablos lo entiende?
Masca yerba sin cesar, sabrás que sigues siendo animal
Mismos trazos de cartón, no hay nada nuevo
Alerta he llegado
Sin fin de ideas, redoble de esfuerzos
Morir en el momento, atormentado por supuesto
De blanco y rojo se vistió, sólo para despedirlo
Nube oscura de placer, fango en el que duermo
Amar de verdad es un lío
Sentir compasión no vale la pena
Ciertamente soy otro.
Y no dices nada, nada, ¡nada!

De lobo a demagogo

Sirviendo de señuelo para los hambrientos lobos que lo observan con voracidad y furia, justo antes de entrar al recinto que todos conocen como madriguera, reconoció a aquel que algún día lo invitó a aullar sobre las colinas que rodean la ciudad.

No pudo ver más contradictoria la escena, él arrojado al escaparate de aquellos que son adulados; la plebe, lobos hambrientos de sueños frustrados y un semejante semilla del mal en las noches de luna llena.

Su cuerpo lo traicionó con impulsos delatores, sudor, frío y palpitaciones agitadas, hasta que fuera de sí se quedó pasmado, exhalando repetidamente y sin ritmo. Era demasiado lo que le esperaba en la madriguera y sin luna llena, no habría forma de salir triunfador.

El aullido retumbó al unísono, en protesta de un líder vuelto añicos y en incesante súplica de alimento.

Desterrado así fue de la manada, más allá de las colinas, más allá de la plebe lobuna. Solitario aprendió a ser humano, sin razones para aullar, ni motivos para ser nocturno, dicta leyes de hombres en falso altruismo para los que hoy sirve. "donde no hay cabida para cobardes, siempre hay espacio entre los hombres".

Lobo desterrado hoy aplaudido y venerado.

Híbrido social

Oleada, salto desesperado al retiro de mi persona, cada vez es más complicado relacionarme con el mundo, si no fuera por el hoy, ayer me hubiera rendido, mira que no escondo un gramo de espíritu, me pude haber visto sentado en la rivera del rio, con mis clásicas botas de expedición y mi sombrero tipo cazador, buscando en el otro extremo un sitio acorde a mis expectativas; sin embargo, decidí quedarme a unos cuantos pasos del camino, donde los hombres pasan con prisa por llegar a algún lugar y se preguntan ¿por qué hay tanta muchedumbre?

En ese entonces me pareció interesante escribir sobre estereotipos interminables de hombres, talentos perdidos y seguidores de huellas, hoy veo que he caído en redundancia. Tengo retratos e historias de tipos cualquiera y el contexto vacío de su inercia, ¿Por qué van a donde no saben?

Caminé con ellos un par de ocasiones, con la esperanza de entenderme y entenderlos, no hallé sinergia ni afinidad, sólo un registro y un nombre que al momento olvidé en el tumulto masivo.

Sociedad un raro concepto que he adquirido, sin sentirme cómodo con ello, no seré de los que caminan entre muchedumbre hacia ningún lugar, tampoco me veré sentado añorando encontrar un sitio mejor, seré un concepto nuevo que acuña el que observa, desvalido de espíritu pero auténtico en su razón de ser.

Superhombre

Yo creador, superándome, racionalizando lo anteriormente inexistente, se puede decir volviéndome superhombre.

Es impensable contar con nostalgia, sólo así aterrizo mi filosofía, servirme de hombro para aquellos que en llanto rompen, es vacilar en la farsa, soy prudente y sincero aunque eso conlleve al sufrimiento.

No soporto al hombre moderno, menos al hombre moderno del tercer mundo, es poco menos civilizado, más bestial, no en intelecto sino en su razonamiento social, me avergüenzo de esa clase humana y de yo verme entre ellos, son tan simplistas y vacios que vomitan sueños de apariencia y compran personalidad. ¿Dónde es que se perdió su ambición, no de acuñar sino de ser?

He subido un peldaño gracias a mi ego, mas, no lo suficiente para escapar del hedor de sus pensamientos (si es que así se pueden llamar). ¿Cómo superar mi ego y ser mi Voluntad Creadora?, ¿Cómo elevarme y no sufrir por la falta de virtud? Sino crear virtud de cualquier cosa, ¿Cómo desprenderme del humano y ser un superhombre?

Seguramente Zaratustra me espera, mas, no anhelo su compañía puesto que no es de mi simpatía, aunque sí de mi inspiración. Aún creo en Dios e incluso con más fervor, no con esto condiciono mis circunstancias, sino mis circunstancias buscan crear gracia pero gracia sincera y honrosa, que no se humille ante la plebe, ni de migas a los mediocres y pobres de espíritu.

Mi fe se basa en acciones generadoras de poder, voy más allá de mí mismo y más allá me espera Dios.

¿Qué es humildad entonces? Es romper paradigmas y sabernos entes blancos, sólo así seremos creadores, sólo así nuestro cielo será real.

¡Holgazanes, despierten de su letargo! que llenan de tedio mi semblante, si no lo hacen será mejor que busquen de entre la tierra un sitio justo para su decadencia, que enferma se pudra la carne porque el espíritu lo hizo mucho tiempo atrás, serán recordados como nada ya que precisamente eso son "ahora".

Yo por mi parte atenderé mis reclamos hasta no crear mis virtudes.

Del hombre que no calla

Se visualizó en mis ojos la respuesta a uno de mis males, y de entre mis entrañas la cólera por sentirme irreal, ¿qué es Collage y su mundo alterno?, ¿qué es esta premisa de un tripartita humano, que duda de su ser?, ¿qué soy yo creador cuando callo mi semblante y mis fronteras las reduzco a una cuartilla?

Principia el sesgo por convertirme en mi mayor sueño y con él, el miedo a alcanzarlo "the man I am looking for is the man I am afraid to become"

No pretendo callar ahora que he comenzado a hablar, mediante modelos y retórica. No pretendo ser usado como idea para un centenar de individuos, sino ser un ideal simple y llano como el horizonte que hoy me dimensiona.

No callar, no callar, no callar mis ¡¡¡pensamientos!!!

Argumentos del ermitaño

Dicen que no miro a los ojos, que no soy de fiar, mas ¿quién lo es?

Dicen entender de moral, mas juzgan severamente al que piensa. Hallan compasión y empobrecen al débil o al enfermo, lo minimizan en su aparente bondad; sin embargo, los observo con humildad aunque distante, mis normas prefieren educarse en solitario, mis creencias al margen de lo prohibido, de lo insano, pero con el principio de la no culpabilidad.

Soy hecho de carbón y elementos básicos, soy molecularmente parecido a ti, pero por mis entrañas corre sed de trascendencia, corren girones de voluntad, de afinidad con lo perfecto, con un Dios que a la lejanía me llama predicador, mas yo lo insulto al servirte de argumento, por desdeñar mi nombre y mi imagen ermitaña.

De la liberta que castiga

Sobre la mesa tres objetos, mi mano derecha busca elección.

Cambiar por creer en lo correcto, y disfrutar la conquista de lo elegido. Sin dejar pasar un segundo, se añora lo descartado, la frustración de no tenerlo todo corrige el gesto de mi rostro. La libertad de decidir realmente es un castigo, que nos recuerda lo limitado de los recursos y la angustia por dar un nuevo paso ¿A qué dirección? ¿Qué pie será el primero? ¿Qué tan rápido? ¿Hay razón para moverme?

La mesa; sin embargo, gloriosa se halla triunfadora, dos objetos reposan sobre ella gracias a la circunstancia causal de una no elección, libre por su naturaleza inconsciente, y sin el peso de una mano discriminante.

Libre entonces, elige tu camino, mas no sientas cobardía al andar el más sensato, que el castigo de tu elección será la consciencia de una falta, de una pérdida, de una desprovista caminata hacia el destino de tu no elección. No sabrás lo que has dejado y tu ser copiará tus mismos pasos, siempre y cuando reconozcas lo subjetivo y mordaz de tu libertad. Libre entonces, camina o quédate estático, ¡lo mismo da!

De Nombre X, Y.

¿Cómo te llamas? Me preguntó insistentemente.

No pude responder. Simplemente el hecho de sujetarme a un nombre que me referencia de formas preestablecidas me hizo elegir callar.

Nunca entendió el porqué de mi silencio, mas, avivó su mente, que cuestionó su pregunta inicial: ¿Fue austera? ¿No propositiva? ¿No estuvo a la altura de su receptor? ¿Por qué negarse a contestar algo tan simple y cotidiano?, mas bien, ¿Por qué formular algo tan trivial e insignificante?

Seguí después del encuentro algo callado, por un momento tratando de recordar mi nombre, en cierto modo tratando de recordar quién soy; porque el ser se nombra impositivamente por los demás, en un mote absurdo de su identidad.

¿Quién soy? Soy algo más que un nombre.

Acaso importa entonces formular la pregunta ¿Cómo te llamas? Es la referencia primaria de la despersonalización humana.

He volcado mi nombre contra mí, lo he perdido; sin embargo, la gente me ha etiquetado, que afán de aquellos de encuadrar el talento en palabras semánticas que nos denotan como X, Y, que afán de aquellos de limitar la grandeza del ser, a un sustantivo propio.

Así Sea

Portador de un sueño, que rebasa las circunstancias de su origen, cómo se atreve a seguir adelante, si las masas divagan en la vulgaridad.

Sueño de grandeza creadora, ríspida prisión que alude a su comienda, denigra y torna hostil el ambiente, puesto que los sueños fundamentales se tornan grises ante los normales, mas, en la escala de la voracidad se aparta el hombre leal a su aposento.

¡Mírate! Sirviendo al prójimo, rumiante y dócil siervo de tu pequeñez. ¿Sabrás estar con alguien cuando caiga la oscura noche?

Me basta teñir de marrón los senderos
Y alzar la frente sobre las colinas
Iluminado sobre mi sombra colosal y triunfadora reparé mi credo;
Sueño forjado del hastío servil del pueblo
Y de mi ego hambriento de coincidir con Dios.

Serenidad, tierra lejana, pronto estaré ahí, con la virtud de mis manos
Y el absurdo retrato de mi rostro amedrentado por las largas jornadas,
Pero febril y fiel a su himno.

Unidad atípica

En el amanecer da comienzo el doloroso hábito de interrogarse sobre su persona, de mirarse cautivo a través de los ojos de un ente superior, sádico y obsesivo; su modelo idealizado de persona, un inalcanzable supuesto que lo minimiza a comparar su estatura virtuosa con la suya, y que en su mezquindad no da tregua ante un nuevo logro.

El sol se asoma sobre la ventana que da al oriente, su cuarto se ilumina como queriendo cobijar su semblante difuso, mas, la luz lo inquieta y lo confunde; sabe que es momento de ir al mundo a convivir con ellos que parecen ser normales, cuando en sus adentros la convivencia es rara y limitada, apenas se conoce, o mejor dicho, se conoce muy bien, pero sus juicios son construidos por aquel que lo intimida, sin saber aún cuál es su dirección, vaga en la vida siguiendo esquemas que los otros creen normales. Y ahí está en ese instante, en ese momento, en ese mundo que le exige buena cara, cordura y prudencia, en ese mundo que lo mezcla con el fango y lo sintetiza a una unidad.

Probablemente siga así por el resto de sus días, probablemente la brecha inalcanzable se torne lejana, y mientras eso pase, oirá los pasos de despedida de aquellos que un día comprendió, pero que cansados de preguntarle sobre él y no encontrar respuestas, partieron al mundo donde todos se llaman semejantes, donde todos son un unidad dentro de un conjunto homogéneo; y él en su valor atípico seguirá amaneciendo con la misma interrogante de todos los días. ¿Quién demonios es?

Naufragio del pensamiento

Las horas se acumularon en el reloj que no dejaba de girar, las llamadas de auxilio sonaban por todos lados, heridas y débiles ante la catástrofe, no hubo movimiento por algún tiempo en mi pulgar izquierdo, no recuerdo sentir su conexión con mi cuerpo, el día comenzaba a despedirse, sin contemplación alguna por la tempestad, apenas si pude ver su último destello alejándose por el peñasco, y con él, la llegada de un nuevo problema, la marea, que se elevaba por los fragmentos de humanos y los vestigios de vestimenta, evidencia del terrible acontecer, mi pulgar reaccionó, mi entumido cuerpo flotó entre cadáveres y sangre, la luna en momentos iluminaba mi rostro, que yacía inexpresivo sobre las olas nocturnas, el pequeño pez vino a contemplar mi muerte, y a guiarme al fondo de este estrecho mar, que poco a poco se apropió de mí y de los restos de los que un día me acompañaron, el naufragio llegó honesto al tiempo de los ciclones, y a la tardía compañera de mi vejez.

Recuerdo el cielo tronar y abrirse con destellos, recuerdo la olas agitarse sobre cubierta y las sirenas bulliciosas replicar en emergencia, recuerdo caer y ser arrastrado, recuerdo encallar sobre la playa, recuerdo volver al mar y eternizar mi nombre con honor sobre el peñasco, recuerdo haber servido a un ideal, mismo que me ahogó en las profundidades.

El día de nuevo llega, inspirado me elige su sucesor, que en eterno resplandor iluminaré el camino de los hombres; no por mis proezas en vida, sino por mi inspirador final. Mi pensamiento erguido renace, y mi voluntad creadora no muere, sino que llama a la tempestad y a su vieja amiga la misericordia, para brindarles a ustedes hermanos mi doctrina mi cuerpo y mi sensatez.

Babel siglo XXI

El lento y delicado vacio de las palabras, sobreviene en metáforas que requieren un ajuste, el lenguaje repleto de signos, sustantivos, verbos, modos gramaticales, no es comprensible aún para el conjunto de individuos que conforman el mundo, pese a que están sujetos a él, luego entonces, ¿qué los une en sus manifiestos? Metáforas sin contenido, instintos caprichosos a querer ser parte de algo, o una fuerza superior que incita a la convivencia.

¿Qué son, sino lo pueden expresar? Y si lo pudieran expresar no lo podrían entender.

*No queda más que buscar un significado que no se exprese con palabras, un signo de fe justo para su incapacidad decodificadora, automatizada para la incomprensión de unidad, pero semánticamente correcta en un (conjunto social) en un todo, dicho de otro modo, no se es nada como individuo, pero sí como sociedad, a esto le llamo "**vacío existencial**".*

A través de las palabras
de un artrópodo

Hallé un semejante
El portavoz de Zürau,
Que vive en mi cabecera
Y me seduce a la auto-observación.

La colina del conquistador

El himno que glorioso se canta a los pies del autoritario, del inalcanzable, del extraño tótem de un pueblo, que alaba su estatura y edifica sobre sus huellas altares de oración, es himno pagano y lascivo, en sus estrofas se jacta de ser conquistador pero en el redoble de los tambores el muy cobarde se atemoriza.

Lo he tenido en mi posesión, muchas veces él me ha tenido a mí, pero en su extraña forma que dignifica y castiga se percibe el miedo a prescindir de él, no por su estampa gallarda, sino por la simbiosis que existe en mis adentros. El verlo así, grande, feroz, altivo, me recuerda lo vacío de su contenido y lo coloquial de su conquista, en la colina de ellos que se hallan perdidos, de ellos que un día fui, de ellos que dan sombra al verdadero espíritu conquistador, el espíritu de sed, de hambre, de ir más allá, donde el yugo no es una supra-estructura social, sino la capacidad de disolver las dudas y aventurarse a ser auténtico.

Canto del guerrero

Mientras permanece suspendido sobre el bullicio de las masas, se contempla triunfador pese a las heridas de la última batalla, sus manos reflejan furor y su cuerpo el vigor extraño de sobrecargas de adrenalina. Ha pasado un tiempo advirtiendo coyunturas, ha pasado un tiempo entre arrebatos y cólera, harto en sí de los caprichos y de la desidia busca alentar a sus contrarios, a sus adeptos, a su misma sombra que en momentos luce cabizbaja, busca impulsar su verdadera fortaleza, su ímpetu y su coraje no por soberbia sino por nobleza inspiradora.

Se engaña con las palabras si la vista está cansada, se necesita caer inclinado y de rodillas para sentir pena por un pedazo de gloria, y sin saber de cuestiones breves ni de elogios se llama crimen al acumular poder, e insensato al que porta la ornamente del guerrero, del líder, del cultivador de hombres, de promesas y de ideales. No se halla contemplación en la pereza del que repta lamiendo pies, es vil y primitivo andar por el suelo recogiendo migas, es menester del esclavo servir de peldaño, no por su falta de libertad, sino por su condición fortuita y su incapacidad de redención.

Entonces el guerrero se muestra erguido, símbolo de la gloria y de la libertad, con laureles que circundan su frente gallarda y altiva Se dice que dejó atrás la sangre y la pena, se dice que dejó atrás familia y amigos pero sobre sus hombros reposan los sueños de hombres acobardados y los restos mutilados de aquellos que se pusieron en el camino de sus ideales.

Tras la batalla, un profeta habla

Concluyó con un sarcástico silencio, tras saborear las mieles de una multitud a sus pies, alzó la frente como esbozando victoria, mas sus ojos no confirmaban la gloria, sino un indefinido sentimiento incapaz de ser descrito con palabras.

Sobre la torre una bandera ondeaba hacia el sur, presa del viento nórdico que para la puesta del sol era frío e incesante, y más allá de las nubes, las estrellas comenzaban a dar muestras de su presencia en símbolo de aceptación por la nueva era en el país de los humanos.

Yo por mi parte contemplaba intrigado la extraña forma que adquirían los vitrales del palacio, que danzaban armoniosos gracias al efecto óptico que provocaban los cirios encendidos en honor al magno acontecimiento, era como estar viendo la danza del velo proyectada en los muros de mármol pero con vírgenes y santos. No estaba familiarizado con el festín, sin embargo, me entusiasmó el hecho de estar ahí, presente y marcando historia, quizás como un mero espectador, quizás como algo más.

El líder de todos ellos a los que he llamado humanos, se limitó a tomar dos copas de vino y luego partió, así como lo dejó ver en el discurso, así continuó durante el banquete con un semblante ajeno a cualquier sentimiento que hubiese visto en estos seres, de su brazo colgaba una imagen finamente sujetada al brazalete de oro, distintivo que portan todos aquellos que han estado en batalla.

El camino que tomó es la vereda que lleva al bosque, y más allá del bosque están las altas cumbres, lugar donde los elegidos reposan en yacimientos de agua tibia y mesetas dibujadas en tonalidades de blancos y grisáceos, he estado ahí un par de veces, cubierto de nieve blanca y abrigado con pieles forradas de lana y alpaca, no por casualidad sino por vanagloriar mis batallas y mi ímpetu conquistador; un guerrero que danzó entre sangre y fulgor, un ingenuo líder de hombres con armadura forjada en hierro y con los puños agrietados por tirar las riendas de mi leal compañero de duelo. Un escape de los pensamientos lascivos, un escape de las imágenes crueles de hombres derrotados, mutilados pidiendo clemencia.

Será que este líder de humanos contempla el cielo con mi misma perspectiva, será que sus ratos en solitario lo llevan al menoscabo de sus virtudes militares, frío y ausente afila la espada para luego aferrarla a su seno y suplicar por una tregua, será que está cansado de ser cargado en hombros por el instinto asesino y despiadado de sus seguidores, dónde se perdió el simbolismo, dónde la virtud y el heroísmo, cuándo las noches dejaron de ser amigas y se tornaron sádicas y quisquillosas, cuándo el líder se pierde y se vuelve tirano, dónde mi sombra busca los pasos del que partió a las cumbres, cuándo corregí mi camino y me volví fácil y comprensible, dónde deposité la sangre derramada y la cólera de antaño, cuándo me volví profeta y mesías, cuándo opté por armar mis batallas con palabras.

A lo lejos el rugido del feroz atemoriza a la gente.

A lo lejos el sol se esconde y la lluvia cae.

A lo lejos un cobarde se ahorca y un sermón resuena entre los congregados.

Y en el final del tiempo, el viento del norte y la gloria del triunfo se vuelven ínfimos capítulos de una historia mayor, la de mi SED de trascendencia, la de mi PALABRA resonante y fiel a su doctrina "LA LIBERTAD"

Sed de identidad y sentido (crónica del vagabundo existencial)

Se preguntó ¿dónde estoy? En medio de un terrenal árido y cubierto el cielo de un rojo bermellón, sobre una duna nacida misteriosamente dentro de un extenso valle que se pierde en el horizonte, ¿qué lo llevó ahí? Inmediatamente después un nuevo cuestionamiento ¿quién diablos soy? Su piel oscura y reseca por la exposición continua al sol y sus labios partidos prueba fehaciente de su deshidratación, su vestimenta escasa, un par de pantalones cortos y una playera rasgada del centro, su cabello entre negro y cano y sus manos víctimas de trabajos forzados con callos en cada falange y cicatrices en las palmas.

El sol se ocultó y volvió a amanecer

¿Dónde estoy? Se preguntó de nuevo, como si el tiempo pudiera trasladarlo a otro sitio, quizás sí, pero el simple hecho de cuestionar su ubicación lo condenaba a permanecer en ella. Su piel seguía carcomiéndose y su boca ahora sin saliva le hacía frente con recelo a su dependencia vital de agua, buscó dentro del horizonte una señal, sólo halló la deplorable curvatura de la tierra y las limitantes de su humanidad.

Cerró los ojos por largo rato.

Al abrirlos se encontró inmerso en un mundo de insignificancias y desventuras en medio de la muchedumbre y el urbanismo; aún con la boca seca, vistiendo un traje y un sombrero fino, más solo que antes y más sediento, vista borrosa y cansada en un radio de cuatro metros cuadrados entre concreto de rascacielos y un cielo gris y trémulo ¿quién soy? Preguntó en sus adentros.

Y cerró los ojos para nunca más abrirlos.

Lluvia de ideas (segunda parte)

Espuma gris
Beso artificial
Ruegas cercanía
En el vicio de tu inseguridad
Que no es de hoy ni de ayer
Tal vez del mañana que encontrarás en tu soledad
Dame un minuto para reflexionar
¿Qué hago sentado sobre el sofá?
Agotando vida
Fumando ironías
Creando realidades paralelas
Quizás de todo un poco y a la vez ¡nada!

Morada en pastizales

Escasez en tiempos fértiles
Sed en medio de un gran lago
Escoria entre hermanos
Vergüenza entre enamorados
Pudor en la prostitución
Hambre en la opulencia
Grietas de cal en rosas rojas
Himnos de esperanza en calles abandonadas
Sociedad individualista y apática
Sosiego en la verdad y crepúsculo de tradiciones
Será mejor tomar una siesta y despertar morando en pastizales frescos
Un espantapájaros de techo
Un sol como testigo
De este hartazgo al simple y pardo semejante o amigo
Que abraza por diplomacia y oye sin escuchar
Agua sobre mi rostro en forma de lluvia
Llora conmigo este mundo marchito
Que ni en mi confía, pero a su pesar me da vida.

La política del mezquino

De una sola vez quise llenarme, de un sólo y súbito momento quise compartir mi envenenado cuerpo con el selecto grupo de asistentes, y en sin sapiencia de lo acontecido abordé mis recuerdos con coraje y descontento, el aplauso sonó y vertió cólera en mi sangre, y en mi temperamento, que no encontró empatía sino irascible malestar, la plebe aclama queriendo ser correspondida, queriendo ser noticia para los ingenuos, mas en mi distorsionada realidad divisé elogios virolentos y destajos de ignorancia al ser juzgado como verdad.

Sin formalidades cerré el discurso, los brazos y por último los parpados en señal de somnolencia y desinterés, la concurrencia susurró trivialidades y exclamó porras en apoyo a su servidor, mientras yo pasé al anfiteatro donde pacientes me esperaban dos compañeros: el whiskey y el rivotril.

Adeptos del radicalismo y de la esperanza en el sufragio me apena decirles que la distancia que nos separa es la expectativa que cada uno de nosotros tenemos del contrario y de la interpretación de las leyes, leyes que buscan igualdad pero que inervan la aplicación pragmática, dado que sus ejecutores somos seres viles y selectivos que buscamos el voto como estandarte de la victoria, no como fundamento de nuestro gobierno; seguramente ese sufragio más tarde será escupido en el ejercicio público de la democracia y en el recaudo impositivo de la manutención del Estado y de los buitres que nos alimentamos de él.

Sordera, ceguera, mudez regalos fácticos de la mezquindad política y de un hombre plausible como el que hoy les habla.

Los reptiles y sus acuerdos

Tiemblas al ver que nos acercamos, en multitud de ideales y cantos de descontento, tu miedo, es una ilusión extraña que responde al prefijo infra, mi estandarte es la voz del pueblo en síntesis delimitada, los dos con impositivo liderazgo, los dos hambrientos de poder, y cuando al fin nos observamos de frente, nos avergüenza el tiempo que perdimos en discordia, puesto que tú y yo somos iguales, representantes de ovejas acobardadas, la misma fe ambigua y el mismo estereotipo adquirido. Volteamos detrás para ver quién nos observa, no hay nadie que sea digno de nuestro movimiento, no hay nadie que se apuntale para disfrutar de la charla de nuestro acuerdo, entonces el silencio se hace presente y la indignación una simple abstención de los humildes, estrechamos brazos, compartimos risas y con el mismo gallardo semblante con que nos aproximamos partimos.

Allá en los espacios abiertos predico nuestras concordias, pero hago alusión de nuestras diferencias, sólo como motor de estímulo para obtener manos serviles que labren el campo, sólo como ligeras migas de pan para los hambrientos, tú entre los tuyos, esa raza extraña de políticos, escribes decretos que son paráfrasis de leyes existentes, sólo como muestra y justificación de su servicio público. Algunos pensantes nos llaman embusteros, pero el común denominador nos llama líderes, yo te llamo hermano pero no mezclo mis dotes con los tuyos, pues entre reptiles la sangre es fría y las relaciones lejanas.

Caminando

El sendero de los sauces llorones sugería llorar, mas yo reí, mientras cruzaba a través de sus estrechos bordes, me di a la tarea de emprender una caminata con la promesa de dejar atrás cada uno de mis pasos, parecía simple en cuestión, sin embargo, era un tipo con raíces firmes y bien fecundadas, lo que a cada nuevo accionar de mis pies acompañaba un olvidar y un renacer, a donde iba no era importante, sino de donde venía y lo que mi huida representaba, mi pueblo quedó atrás y mi historia de igual forma.

Sé lo que estarán pensando, yo lo pensé antes de partir, un cobarde que se va, uno más de esos soñadores fugitivos, mas, al dar mi primer paso olvidé mi menosprecio y tenté a mi optimismo rara vez mi acompañante. No dije adiós, no había porqué hacerlo, quien me conoció supo de mí, quien me añore ahora jamás me pudo descifrar.

La lluvia ha venido marcando mi paso, los llorones quedaron atrás, y mi risa del mismo modo, contradicciones y encrucijadas cuando el sendero se parte en dos, no busco un destino sino un camino fiel, que soporte mis huellas y brinde aires de confort ya bastante pesado es lidiar con mi soledad y con las voces de mis pensamientos que reclaman regresar.

La noche se acerca entre estrellas y ruidos nocturnos, silbidos disipados en la lejanía, he pisado lodo y yerba seca, he pernotado sin tiempo para descansar, ¿por qué? No importa, es mejor seguir que parar, es mejor la acción de mis músculos que el terrible ocio de mis pensamientos lastimeros.

A estas alturas ya no sé de mí, tal vez lleve cientos de kilómetros recorridos, no sé del tiempo ni de mi rumbo, el día se ha hecho noche y la noche día, el sendero se ha hecho vereda y la vereda morada, sin rastro alguno de mi ayer, sin presagio de mi mañana, sin otra cosa más que seguir oscilando mis extremidades y seguir murmurando no sé si con palabras o con simples pensamientos los caprichos de andar y andar.

Ahora los rosales se asoman como bendición para el viajero, pero qué he dicho, yo sólo soy un caminante, no hay bendición ni concordia, aunque el aroma me hace compañía sé que pronto quedará atrás y estas rosas serán como mi pueblo y como los sauces, memorias perdidas.

Hoy vi un pueblo y un peñasco me eran algo familiar, pasé a su costado, algunos hombres me miraron con extrañeza, sus miradas eran estacas apuntalando mi ímpetu por dar un nuevo paso, pero no un muro que frenara mi andar, así, que continué hasta vislumbrar una posada,... ¡Qué sinsentido de mi andar me retornó a mi morada! De la que hube partido, la que dejé atrás, mi falta de rumbo me llevó a mi origen, siendo yo el mismo que hoy les habla y el mismo que se fue.

¿Dónde he estado entonces?

Circunstancias Fortuitas

Simular que estoy dormido
Para despertar y sentirme viejo
Hubo un ayer, desde luego
Memorias de cama y sonrisas en duelo.

Me parece que hay romanticismos en nuestra historia
Y un sinfín de frases inconclusas
Podría esperar otros tres años un poema callado
Mas advierto locura y desfachatez en mis versos, aventuras y amores olvidados.

Que parta el silencio nuestro amor al recuerdo
Y recobre la magia, el sueño, las caricias, el universo entero
Que falta me hace sentir tus besos
Sin embargo descanso en paz y sereno.

El camuflaje de mi naturaleza humana

"Soy siervo de mis días de angustia y predicador de lo feliz"
"Por sentir un pedazo de alegría puedo dormir y estropear mi camuflaje"

Has dejado saber de sobra la pasión que viertes en tus versos, has concluido con un autocrítico repertorio de escritos que guardas como pruebas para tu sentencia.

No dudas en decir te quiero, cuando de conquistar se trata, pero tomas cuenta de un seco romanticismo al momento cumbre del amor encarnado.

¡Basta ya de tus manías! Canta, ríe en la plaza o en la estación, que la gente ausente de carisma te llamara loco, mas tu semblante será apacible y esbozando una sonrisa.

Quizá hoy sea un lunes de realidad angustiosa, quizá hoy tus parpados reclamen sueño, pues uno vive sin provisiones y muere sin argumentos.

Pasa saliva mientras respiras hondo.

Versos por Versos
(Sin razón de ser)

Acaricio la soledad con mis manos
Mi respiración lleva un compás,
La luz un baile.

No respondo por azar
Convicción, de eso se trata
Son dos horas calladas y placenteras,
Son dos ideas de perfección
Una caricia más me volvería soso
Prefiero parar y ver el reloj tomar su curso.

Siempre he creído en los encuentros
Con afán persigo historias
Un duelo, un orgasmo un simple momento.

Temer del insolente, mas no amedrentarme de su mirada
Finjo astucia, finjo cobardía
Mas soy sincero al decir
Al diablo el mundo y mis palabras
Que se pierdan en el callejón solitario,
Que se esparzan por desiertos sordos
Pero que perduren en este momento
Vago y desinteresado
Que sólo hace a bien
Ser compañía de mis diálogos nocturnos.

Ciclo vital

Comparar a la muerte con un susurro avecinante que nos sintetiza en nada
Oportunidad a la desdicha y rumbos sospechosos,
Trágico o alentador, puede que ambos
Sostengo dos premisas inevitables, mi vida y mi muerte
Cuestión de tiempo para servirme a cada una,
Cuestión de agallas para saborearlas.

Empiezo por un final y un final me conlleva a un principio
El ciclo de mi voz que se mimetiza en frases,
El furor de mi aliento que no cesa
En la continua batalla por mantenerme aquí y ahora **"VIVO"**

Es fugaz lo sé, es lo sublime de su naturaleza
Parecer escabullirse, simplemente **"MORIR"**.

Los gritos de mi alma

"Acertaste soy yo quien te mira has podido intimidarme siendo franco"

Soledad rugido de mis días
Voces que aclaman ser liberadas
Mientras se combate contra el sueño.

Sencillez, discrepancia de lo burdo
Porciones minúsculas de sabores ajenos
No dices luna, ni sol, ni tierra, ni mar
Solamente cierras los ojos y respiras hondo.

Dicha desmedida y angustia existencial
Vaivén de emociones
Sollozar o reír, salir corriendo
Para hallar un lugar
Que se ajuste a mi temperamento.

Supeditado a opciones vacías y a humanos desesperados.

El amanecer incómodo

Amaneció con la resaca y sin idea de donde estaba, se puso de frente al espejo para reconocer su rostro mas no supo quién era. Desvanecido por la confusión tomo lápiz y papel y escribió estas palabras.

Imagen de mi vida
Retrato hablado de mi semblante cabizbajo,
Colecciono momentos vagamente armados por mis recuerdos borrosos
¿Quién soy? ¿Dónde me encuentro?
Un cuerpo como armadura corroída por mis hábitos
Se desmorona por el piso de este lugar ajeno,
Lo familiar ya está guardado en mi maletín
Me niego a sentir apego
Prefiero ser un errante vagabundo
Que marcha sin rumbo hacia cualquier lugar.

Muerto en vida sin razón aparente
Ser feliz no entiendo eso de la raza humana
Simplezas de bienestar
Jadeantes muestras de incomprensión sobre su naturaleza.

Me miro como huésped incomodo de este mundo
Es por eso que rondo, es por eso que canto

Quizás así el eco de mis palabras platique conmigo,
Quizás así lo familiar me sea atractivo,
Quizás así deje de ser huésped
Y me vuelva el anfitrión de un mundo a mi medida
Donde no sea pieza de ornato,
Donde mi voz resuene con ímpetu y gallardía
Donde mi imagen no parezca extraña
Donde esboce arraigo y raíces de pertenencia.

Yo vagabundo de terrenos
Busco una cristalina fuente
Que me indique el porvenir
De mí hasta ahora insignificante devenir

Historia de Frases Inconclusas

Se asoma sobre el maizal con la esperanza de ver lo que hasta la fecha no ha encontrado.

Sigue siendo el patrón de una neurosis obsesiva crónica el pensar y pensar.

Marvin Gaye, una serie de fotos tomadas en la obscuridad preceden el flujo de emociones.

Una vez más se formula juicios, en ciclos y variados. Cientos de ellos.

Se detiene, algo lo incomoda, será el sonido del exterior o su postura sobre el sofá.

Que afanosa soledad, después del cúmulo de deseos mundanos.

Entre planes y barreras, entre seriedad y banalidad, entre amores sueños y bailes exóticos

Una vez más la figura del maizal que yace sobre un pesado yugo de represiones. Saldrá algún día a contemplar lo buscado con la fortuna de hallarlo.

Dos minutos para respirar, uno para cerrar los parpados y humectar los cansados y secos ojos.

¿Debo ser franco y coherente con lo que escribo; se pregunta?

Prefiere descansar por un rato, a pesar de su guerra y cometido.

Fragmento de un soliloquio

Sigues ahí pisoteándome, no ves que soy feliz ¿Por qué me atormentas?

A quien engañas con tu seudo-disciplina moral, me das asco, ¿Crees que vales algo? ¿Crees que a alguien le importas? Mísero hombrecillo.

Dualidad me estas consumiendo, mi sadismo ha traspasado mi persona ahora devora a los que me rodean; quiero huir y volverme etéreo sollozar en silencio ya no es suficiente.

Temor duda y oscuridad
Que vale saludar
Que vale caminar
Cuando realmente no se está aquí
Ahogarme en alcohol algunas veces es una salida
Tristemente siempre regreso sediento y desmejorado
Dos tiros en la sien podrían remediarlo
Mas mi pulso es frágil y mi fe alentadora

Hoy te vi llorar, te dejaste alcanzar por mi ponzoña, caigo agotado y humillado por mi propia ética, creo que tomare el teléfono y pediré perdón, aunque eso me condene a sufrir por siempre el habitual malestar de un tirano.

Verme así como tres personas. Necesito urgentemente compañía.

"La miseria no es siempre tan aburrida"

Inclinado boca abajo simula caer
Puede ser que busque equilibrio
Aunque dudo que soporte mucho el peso de su humanidad
Sintiendo júbilo por llegar al límite
Baila sobre su mano derecha y vacila con la otra
El bufón inerte no se cansa
Es fuerte en convicción y persistente su corazón
Pintado el rostro con lagrimas de cristales y boca carmesí
Cierra los ojos en espera de burlas o carcajadas,
Ambas llegan y ambas se van al vaivén de los viajeros
Un recuerdo en la maleta para ellos
Dos monedas para su bolsillo y una ampolla partida en tres sobre su palma para él.
Bufón de plazuela, arlequín de retablo ¡diviertes o das pena!
No hay miseria mas cómica (confortable), que la que esta ante nuestros ojos.

Entre el mar y un artista

Viajó por algún tiempo en una pequeña balsa, como compañía su simple sombra, como bandera su sonrisa, como veleta cualquier rumbo, cualquier lugar.

Artista y poeta, bohemio, seductor de mareas altas, conquistador de arrecifes de coral, capitán de sí mismo y orador, jamás dejó huella en su travesía, ni recabó tesoros para su fortuna, simplemente quedaron sus poemas, sus retablos y su fresca voz diciendo con furor.

"De mar en mar anduve de costa en costa salpiqué mi rostro de agua salina, mi inspiración se alimentó y mi espíritu también, y ahí en la soledad recité y canté con voz sonora, en los adentros, el mar en respuesta cedía a mi estado sublime y parsimonioso, regalándome paisajes que eternicé con pincel y oleo".

Dichoso el que canta, dichoso el que escribe, dichoso el que pinta, pues será recordado, ya sea en al mar o en las alturas, sin duda hallará un seno que lo cubra de gloria o de caprichoso desprecio.

De viajes hemos hablado bastante, esperemos la llegada de aquel que se fue, si el fin llegó por qué no está aquí. Acaso mentía, acaso su rumbo no es su destino, como saberlo, hasta no verlo llegar.

Empiezo a extrañarme de su artística figura. Preguntemos al viento quizás nos diga algo.

Y retumbo en llanto que venía con lluvia, oh artista, oh poeta, oh pintor, allá vas donde no se sabe, donde no se siente, tu barca abandonas y tus poemas también, ¿Quién soy yo? Viento absurdo que embravece al mar, ¿Quién soy yo? Tú motor y tu asesino. Absurdo es lamentarme sin rugir en truenos y chubascos, pues tu gloria fue servirme y mis celos mi venganza. Mar amigo, falso iracundo de tu inmensidad, haz de saber de mi desprecio cuando irrumpa en ti con furor.

Sobre la barca hallábase tres pinturas y un libro de poemas, una brújula sin norte, y un pedazo de madera tallado al reverso.

Oh mar dadivoso que me brindas tus vestigios, te respeto por ser sincero mas te odio por tu voraz apetito. Oh viento embustero trajiste su eco, mas celado por tu reconocimiento ausentaste al artista, al poeta, al pintor, y hoy llegas con la brisa de tu remordimiento.

Hartazgo pusilánime de la naturaleza, envidiosamente decorado con trazos mágicos y coloridos, varios versos alusivos de su humilde enamorado: el artista, el poeta, el pintor. Su vida como ofrenda y su muerte como confirmación de ella, vivió y murió por ti, y sin embargo, hoy sólo es una obra de arte más, adornando la sala del mejor postor, y sus versos, textos olvidados en el anaquel. He de ahí sus últimas palabras talladas sobre aquel pedazo de madera que guardo receloso en memoria de mi mismo. **"de sal me alimento y del sol soy siervo, que mas da ser artista, poeta o pintor, sin no hallo mis manos ni mi lengua"**

Reflejo en Poesía

Curiosamente un momento me llevó a otro y otro a donde me encuentro, debajo de un nogal con dicha inmensa y ganas de tanto que no me doy abasto.

No son las fotos donde vivo, no son sus imágenes y colores, no son los frutos que maduran en esta época del año, ni tampoco estas palabras que resuenan; más bien, vivo en el rostro de mis semejantes, en las sonrisas de mis seres queridos y en el amor que proyecta cada mirada, cada poema. Vivo ahí en palabras perdidas que dan tristeza, en noches oscuras que guardan compañía, en cada aliento en cada beso, siempre que evoque un sentimiento. Eso es mi trascendencia una posibilidad de crear un momento. Eso es mi trascendencia, una opción de abrir corazones y dejar en ellos este regalo.

Hoy vivo y mañana si así lo desean aquí estaré, especialmente en ti mi querida, solo es cuestión de que me creas y me sientas VIVO.

Enfoque social en tiempos de cambio un discurso por suceder

Ocupamos en gran parte un terreno susceptible a la manipulación, dicha manipulación es creada por nosotros mismos como medida precautoria a ser libres, puesto que la libertad condena nuestra seguridad y estimula al enfrentamiento.

Una sociedad primitiva en tiempos modernos, que se puede esperar mas que vertientes de opresión y limitadas estructuras organizacionales.

Unos piden otros ofrecen, nadie actúa. Estado inerte cuando se requiere evolución y cambio, más en estos momentos de fluidez y volatilidad, gobernantes mediocres dignos de un pueblo mediocre y austero de igual forma.

¡Somos susceptibles, no generadores! ¡Que viva la política ilusoria! Que da pan al satisfecho y migas al que reniega.

Círculos viciosos de apócrifa comicidad.

No espero nada de los gobernantes, sí de mis amigos.

De la muerte que no llega

Estoy cuando ya no debería de estar, era su dialogo interno; una vez que terminó de cenar ahí se halló encorvado y cerca de la hoguera, mirando como el fuego hacia presa a la leña de su fuerza abrasiva, coexistían y morían juntos, una pareja condenada a su dependencia. Como envidiaba ese hecho natural de su ser; él se hallaba vivo, ella había muerto meses atrás, tan simple como eso tan duro como respirar aires de soledad, de sobrevivencia y de una infinita tristeza por hallarle sentido a un día y al siguiente.

El reloj marcaba las nueve, su habitual hora de dormir, una promesa de no despertar, una encrucijada de agonía por mirar el lado opuesto de la cama vacio y sin ella. Decidió por primera vez desde su muerte seguir despierto, quizás así su mente cansada le haga desvariar, un tango como melodía de fondo, un oporto tawny como néctar de inspiración, mas no halló nada, únicamente embriaguez y desolación.

Triste realidad inmersa en su ausencia, triste vejez insípida y desventurada, un anciano ebrio añorando morir y una vida consumida en las delicias de un amor entregado y partido en la inevitable realidad del hombre, su perecedera existencia.

Y así pasó un día y otro día, sobre aquella mesa de centro el retrato de una pareja que se amó por más de sesenta años, una botella nueva de oporto y un reloj suizo contando minuto a minuto su tan ansiada despedida.

Elocuencia Sensorial

Faltan palabras a tantos estímulos
Sonidos melancólicos y apacibles
Visibilidad escasa pero seductora
Un frio agradable sobre la textura del sofá
Mi paladar entremezclado de vino y queso
Y mi mente en el mundo de las ideas
En la inmaterialidad que abriga y resguarda mi ser menguado por lo venal
Que perfecta compañera de mi estado abstracto
Cambios repentinos de ritmo
Palpitación y armonía musical,
Suave y exquisito
Una mujer que pide mis besos
Un cuerpo trémulo que me exige respuesta
Parpados y torrentes sanguíneos alineados
Mi retrogusto reclama vino
Seis de agosto creo que haré el amor imaginativa y lentamente
La noche lo merece y mi dueña también
Aunque se prive un poema que pudo ser
Aunque mi respiración se pierda en el pasado al no quedar escrita
Se eternizará en tu cuerpo y en nuestra historia.
Por una noche que vino en perfecta ¡elocuencia sensorial!
Y en mares de sensual y armoniosa vida marital.

Despertar de un manifiesto

La mañana vino sin darme cuenta, con ella vientos fríos de la montaña; tomé mi vieja libreta y un lapicero que uso para subrayar los libros que leo y escribí; sin mucha idea ni forma pero con continuidad.

Sepan ustedes que soy un escritor en potencia, famélico de plasmar mis pensamientos y percepciones.

Sepan ustedes que vivo en una farsa y mi identidad es mera inercia causal del mundo contemporáneo.

Sepan ustedes que reparo en sueños mi ideal de Yo, bailando y riendo sin saber por qué.

Sepan ustedes que desperté cohabitando con un ángel y su humor me hizo sonreír.

Sepan ustedes que soy sincero en mis escritos no por desdén o por cobardía si no por el fiel reflejo de mi búsqueda interna, una morada certera y elocuente que reina en mis verdades mas ocultas.

Sepan ustedes que lloro cuando me hallo acorralado y que me vuelvo niño al sentirme solo, pues rememoro lo que es mi semilla y mi carácter.

Sepan ustedes que grito y pregono cuando injusticias rodean mi persona y que injurio al humano que se hace pasar por hermano cuando ponzoña vierte su hipócrita lengua.

*Sepan que soy creyente y racional, sepan que soy fiel e instigador, sepan que reniego del mundo y abrazo mis aposentos pues en ellos ciertamente me siento **"pleno"**.*

Salud seres semejantes, salud adeptos y agregados, que sé de ustedes y ustedes saben de mi, aunque no por menester sino por mezquindad.

Salud falsos y sinceros nos vemos en el cielo y que irrumpa mi talento en estos versos crueles llanos e irrisorios.

Donde nacen tus palabras
Los animales buscan incesantes,
Mas donde tu ejemplo parte
El hombre ciega su camino
Pues es más sencillo servir a lo mundano
Que desprenderse de perlas y elogios

Insipientes voces de faramalla
Nos quitan el sueño y amedrentan el alma
Dios nos llama, mas estamos sordos
Será mejor tomar un sorbo
Y caer ebrios sobre nuestro menosprecio
Raza perdida en falsas alabanzas
Toman credos y lo simplifican
Para ser ellos su propia obra y tumba.

El alhajero de porcelana

(*Collage tres años atrás*)

Pensaba salir por la ventana lo más pronto posible; sin embargo, algo me detuvo, una pieza decorativa sobre el tocador de la recamara principal, era un alhajero de porcelana finamente decorado con una paisaje oriental, en uno de sus lados una grulla y en el otro el sol naciendo entre las montañas, era un ejemplar hermoso hecho en Imari, un pequeño poblado del sur de Japón.

Fue un hallazgo que me llevó a una historia peculiar que viví unos siete años atrás.

Tomé el alhajero y lo deslicé sobre mi gabardina lentamente, hasta llegar al bolsillo donde lo oculté sin que nadie se percatara, afortunadamente las joyas ya habían sido tomadas por uno de mis colegas al que todos apodaban Rino (nunca supe por qué).

Aunque era mi costumbre ser el primero, esta vez fui el último en salir y el que menos hurtó, apenas hube puesto un pie fuera de la residencia, supe que algo había cambiado, supe que mis años como ladrón habrían de acabar al día siguiente; y así fue.

(*Imari siete años atrás*)

*Platicando con el viejo Michio en el inicio del año del mono, me dijo; **Así como el mono trepa alto así de alto cae,** ten cuidado con lo que aspiras y donde llegas sino tiene raíces firmes es fácil caer.*

Mientras Shisuko nos servía edamame y sake frio, Yukio me hablaba del arte samurái y de cómo su padre había sido uno de ellos, sacó la katana y me la ofreció como ofrenda de respeto, yo negué dos veces ese elogio hasta que la tomé en su tercer intento por brindarme dicho honor; de pronto, Koge tiró la vasija de sake (obviamente hecha de porcelana de Imari) y me dijo "mono samurái" gemirás pidiendo perdón y recordarás estas palabras, poco después cayó al suelo ebrio y atontado.

(*Collage tres años atrás*)

El mono samurái encontró su tesoro, me dijo Rino, por qué ser mono si puedo volar le contesté, y volé sus sesos, que irónicamente cayeron sobre mi alhajero; perfecto sadismo cómico, "manga ficción" pensé, y así uno a uno a mis colegas fusilé BANG BANG.

(Actualidad)

Hoy soy escritor, no ladrón, no samurái. En el alhajero guardo mi única arma y pieza de ostentar, este lápiz que hoy escribe ficción oriental y restos de mi historia personal; sin embargo, aún me gusta el sake y los tiroteos.

*Note el lector que hago alusión a tiroteos, mas note también que mi única arma es mi lápiz, espero ser lo suficientemente bueno para volar sus sesos hacia un nuevo porvenir donde el mono no cae sino trepa alto sobre un árbol de raíces firmes; note usted que gimo pidiendo perdón, pues sólo así admiro el mundo desde aquí arriba, note usted que mis palabras no son robadas, note usted que tampoco llevan honor; simplemente **"existen"**.*

Sin título

Ahora estoy consciente que me veo aturdido,
Sobresaltado por no estar conmigo,
Pálido ante los demás, impaciente por descubrirme;
No, como respuesta a mi afán de conocerme
Seré presa de mi vulgaridad emocional

Ahora el respirar de mis compañeros me asfixia
No entiendo su rechazo
Mis gestos de humildad solo esbozan cobardía
¿Dónde están aquellos que empañaron mi semblante?
Perdonar, es bruma de elocuencia
No se aflige el ser por menoscabo
Ni nuestra alma por fraternidad
¿Qué hago entre lobos que me acechan?
Que ufano es el espacio y mi frente
Soy artista sin modelos,
Soy líder de bosques olvidados
Reparo mis leyendas, necesito saber de mí
Al menos por mis propias palabras.
Que amen los que esconden miedos
Y que sufran los que hallen el saber
Pues donde no hay paz es difícil ser certero,
Adiós ahora a mi sueño, adiós ahora a mi reflejo
¿Dónde estoy no hay frases que me describan?

Amiga locura

Locura, gracias, sin ti ya estaría muerto, no obstante me cierno en los umbrales de lo hipotéticamente razonable para olvidar al "conocer" y para amar lo "inverosímil"

Locura, las tragedias de mis actos son tu menester, no digamos más y cerremos esta secuencia, que ha cimbrado en mis aposentos la desdicha y el sadismo.

Locura siempre surges redentora, ¿acaso te llamas como yo?

Vagabunda estulta dame paso, mas no me sueltes que mi ser es voluntad y demencia.

"Se me hace tarde, alguien sabe donde he dejado la vergüenza"

www.ingramcontent.com/pod-product-compliance
Lightning Source LLC
Chambersburg PA
CBHW031236280526
45784CB00004B/1591